Quilts der Meisterklasse

Quilts der Meisterklasse

◆

Inspirationen und Techniken
von 50 Künstlern

Katharine Guerrier

Übersetzung ins Deutsche: Bernadette Mayr, Kempten
© der deutschen Übersetzung 2001 Urania Verlag, Stuttgart
in der Verlagsgruppe Dornier GmbH
Alle Rechte vorbehalten.

Umschlaggestaltung: Behrend & Buchholz, Hamburg
Fotos: Kevin Thomas (Rockport, Massachusetts),
Coling Bowling (London)
Zeichnungen: Carrie Hill
Lektorat: Eva Hauck
Satz: Graphiti GmbH, Berlin
Druck: Midas Printing Limited
Printed in Singapore

ISBN 3-332-01256-8
ISBN 978-3-332-01256-9

Bibliografische Information der Deutschen Bibliothek:
Die Deutsche Bibliothek verzeichnet diese Publikation in der Deutschen Nationalbibliografie; detaillierte bibliografische Daten sind im Internet über http://dnb.ddb.de abrufbar.

Titel der englischen Originalausgabe:
Quilting Masterclass
Copyright © 2000 Quarto Publishing Inc.
All rights reserved.

Urania Verlag
in der
Verlagsgruppe Dornier GmbH
Postfach 80 06 69, 70506 Stuttgart

www.urania-verlag.de
www.verlagsgruppe-dornier.de

INHALT

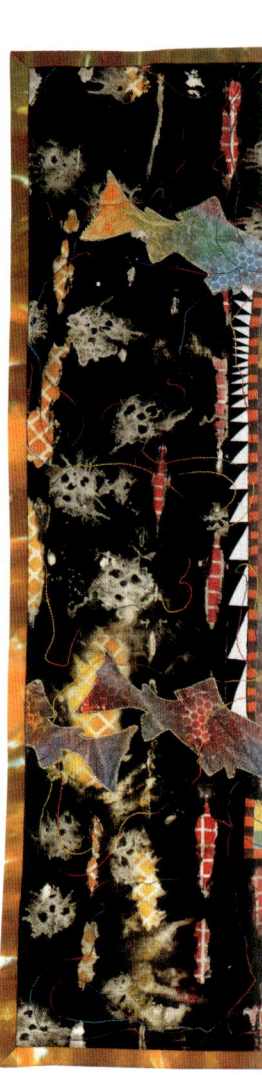

EINLEITUNG

NEUE KUNSTRICHTUNGEN

Erst im letzten Viertel des 20. Jahrhunderts wurde das traditionelle Handwerk des Patchens und Quiltens wieder wahrgenommen, und ein verstärktes Interesse machte sich breit. 1971 war es die Ausstellung im Whitney Museum of American Art in New York „Abstrakte Muster in amerikanischen Quilts", die auf revolutionäre Weise deutlich machte: Quilts haben einen äußerst wichtigen Einfluss auf die moderne, abstrakte Kunst und sind weit mehr als nur nützliche Bettdecken. Viele Quilterinnen begrüßten die neue Bewegung und arbeiteten Quilts für die Wand, als reine Kunstwerke, wobei Stoff und Faden malerisch eingesetzt wurden. Patchwork und Quilting wurde zum persönlichen Ausdrucksmittel. Zweifellos ist der Art-Quilt heute als Kunstform anerkannt, und viele internationale Quilterinnen leisten mittlerweile wichtige Beiträge zur Weiterentwicklung dieser bedeutenden künstlerischen Ausdrucksform.

QUILTS DER MEISTERKLASSE

50 moderne Quilts zu finden, die den Titel „Meisterklasse" verdienen, war eine gewaltige Herausforderung. Schon der Name impliziert, dass jeder Quilt besonders kunstfertig gearbeitet, originell und ausdrucksstark sein muss und dass er als Inspirationsquelle und Anregung für andere geeignet sein sollte.

Es wurden traditionelle und moderne Techniken berücksichtigt; auch die Gedanken und Visionen der Künstler spielten eine Rolle. Die Unterschiedlichkeit der Arbeiten ist enorm, doch haben alle Künstler eines gemeinsam – die Begeisterung für ihre Arbeit und die leidenschaftliche Hingabe.

Oben Inspiriert durch die Kunst des Alten Griechenland, schuf Sheena Norquay ihren „Griechischen Quilt" mit stilisierten Vögeln und Figuren mit geometrischen Formen. In diesem ausdrucksstarken Quilt wurden viele verschiedene Techniken erfolgreich kombiniert.

Es wurde deutlich, dass das Patchen und Quilten viele Möglichkeiten bieten, persönliche Ideen umzusetzen und Motive abzuwandeln. Die reine Lust an der Herausforderung durch das textile Medium führt zu Abstraktionen wie Caryl Bryer Fallerts „Mitternachtsfantasie" oder Friederike Kohlhaußens „Bruch, gefaltet 9", während Marta Amundson mit ihrem Quilt „Tee zur Forelle = Forelle zum Tee" ihrer Sorge Ausdruck verleiht und eine Warnung ausspricht.

Eine köstliche Mischung von fachmännischem Können und Witz findet sich z.B. in „Eine rechts, eine links, eine fallen lassen" von Sandy Lush. Dieser Quilt verbindet die traditionellen Techniken des Handquiltens und Strickens in einem modernen „gestrickten" Wandquilt. „Sieben Quilts" von Sheila Yale sieht

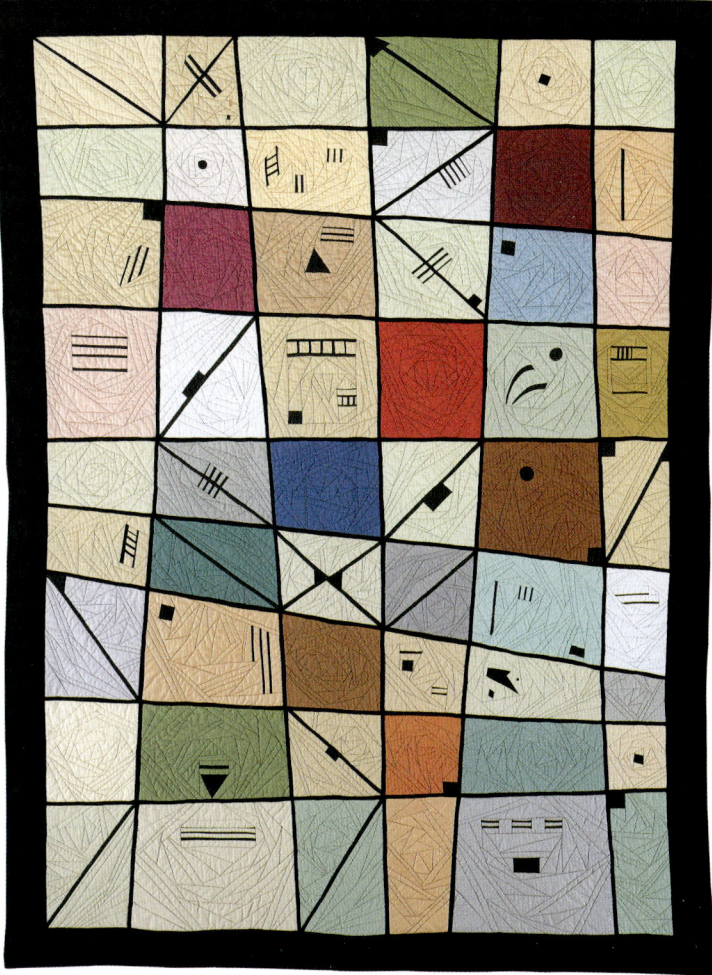

Unten Marta Amundsons „Tee zur Forelle =
Forelle zum Tee" ruft zum verantwortlichen Umgang mit der Natur auf und fordert den Betrachter dazu auf, bedrohte Arten zu schützen.

Oben Nachdem sie eine kleine Zeichnung von Kandinsky intensiv studiert hatte, machte sich Dixie Haywood an die Arbeit und schuf diesen Quilt. Sie orientierte sich an den Farben und der Komposition des Originalbildes und kombinierte diese Elemente mit ihren eigenen Techniken. So gelang ihr diese ganz persönliche Interpretation.

aus, als seien hier tatsächlich sieben Quilts übereinander gelegt worden. Der Quilt überzeugt durch die tolle Mischung vieler Farben und Muster.

Das Studium der Arbeiten anderer Künstler inspiriert zu eigenem Tun. Hier finden Sie beispielsweise Arbeiten, die auf der bildenden Kunst basieren, wie Dixie Haywoods Hommage an Kandinsky „Sonntag in Soho", oder auf der angewandten Kunst, wie Margaret Davidsons Quilt „Zeitgefühl", für den Uhrenarmbänder im Art-déco-Stil als Vorlage dienten, oder Sheena Norquays „Griechischer Quilt", der von griechischem Vasendekor inspiriert wurde.
Jedes Stück trägt den Geist des Originals noch in sich und hat sich doch in ein einmaliges Kunstwerk verwandelt.

Die Techniken – Vereinigung von Tradition und Innovation

Beim Patchwork sind oft viele verschiedene Techniken miteinander verknüpft, und keine Künstlerin kann Expertin für sämtliche Techniken sein. Das bedeutet, dass alle Patchworker durch das intensive gegenseitige Betrachten ihrer Arbeiten voneinander lernen, Ideen entwickeln und Neues finden, seien es neue Ideen, die die Technik betreffen, das bildnerische Motiv oder die Interpretation eines Themas.

Obwohl es mein persönliches Markenzeichen ist, traditionell zusammengesetzte Blöcke in moderne, abstrakte Quilts umzusetzen, wurde beim Zusammenstellen dieses Buches auch mein Interesse an anderen Techniken geweckt, und sofort musste ich einige der vorgestellten Methoden ausprobieren. Edwina Mackinnons „Indigo-Quadrate" regten mich zum Stoffefärben an. Und ich experimentierte mit großem Spaß mit Druckmotiven wie Blättern, aufgerollter Schnur oder gerissenen Kartonstücken, nachdem ich an Marta Amundsons Kapitel „Tee zur Forelle = Forelle zum Tee" gearbeitet hatte.

Oben Gleichheit und Unterschiedlichkeit und ein Ausgleich dieser Gegensätze finden sich in Charlotte Ydes fünfteiligem Quilt. Moderne Techniken in Kombination mit einer eingeschränkten Farbpalette wurden für die Herstellung dieser abstrakten Symbole angewandt.

Links Die perfekte Balance von Komposition, Farbe und handwerklichem Geschick ist bei diesem Quilt von Judy Mathieson, einer modernen Wiedergabe der traditionellen „Windrose", offensichtlich gelungen.

In vielen Fällen scheinen technische Grenzen kein Hindernis zu sein, um das ideale Ziel zu erreichen. Judy Mathiesons „Bristol Sterne", eine moderne Wiedergabe des traditionellen Mariner's-Compass-Motivs, sowie Judy Dales „Fantasieform Nr. 6117" zeigen deutlich, was mit Nadel und Faden erreicht werden kann, wenn die Künstlerin über das nötige Geschick verfügt. Viele der hier aufgeführten Künstlerinnen sind bekannt geworden, weil sie eine neue Stilrichtung begründet haben, die sich wiederum in den Werken anderer widerspiegelt. Katie Pasquini Masopust interpretiert durch ihre „gebrochenen" Flächen den Naturalismus neu, wie am Beispiel der „Glaskaraffen" zu sehen ist. Roberta Horton zieht durch die Verarbeitung von eigenwilligen Stoffarten die Aufmerksamkeit auf sich, so auch mit dem Quilt „Zur Feier". Hier wird deutlich, dass die schlichte, klassische Präsentation spezieller Stoffe am besten wirkt. In Diana Bunnells „Schwarz minus Schwarz" wurden Materialien, die man nicht unbedingt mit Textilien assoziiert, großzügig farbig bedruckt – eine wichtige Komponente dieser dynamischen, abstrakten Komposition.

ZUSAMMENFASSUNG

Die Arbeiten moderner Quiltkünstlerinnen werden in Ausstellungen und in Büchern und Magazinen der ganzen Welt gefeiert. Ich hoffe, dass die vorliegende Sammlung inspirierend auf Sie wirkt, seien Sie nun Künstlerin oder jemand, der die angewandte Kunst schätzt. Die Unterschiede, was Farbe, handwerkliche Fähigkeit und Idee angeht, demonstrieren, welche fantastischen Möglichkeiten Patchwork bietet – vom ersten Entwurf bis zum letzten Stich. Charlotte Yde, Schöpferin von „Verwandte Stimmungen 1–5", bringt es in ihrem Kommentar auf den Punkt: „Der Herstellungsprozess eines Quilts ist immer eine neue Herausforderung, und es ist jedes Mal ein ganz besonderes Gefühl, das sichtbare, fertige Produkt in Händen zu halten." Alle Quilterinnen dieser Welt werden diesen Gedanken verstehen – und für sie ist dieses Buch geschrieben.

TRADITIONELL UND DARÜBER HINAUS

DIE QUILTS DER FRÜHEREN GENERATIONEN SIND EIN TEXTILES ERBE, DAS UNS DURCHAUS NOCH BEEINFLUSSEN UND INSPIRIEREN KANN. DAS STUDIUM ANTIKER QUILTS IN MUSEEN UND GALERIEN ENTHÜLLT DIE GANZE BREITE DER TECHNISCHEN FÄHIGKEITEN, DIE IN DIE HERSTELLUNG DIESER STÜCKE GEFLOSSEN IST. MODERNE QUILTKÜNSTLERINNEN ZEIGEN UNS, DASS DIESE FÄHIGKEITEN IMMER NOCH LEBENDIG SIND, INDEM SIE AUF DIE TRADITIONEN BEZUG NEHMEN UND SIE NEU DEFINIEREN. DIE ARBEITEN IN DIESEM KAPITEL BEWEISEN, DASS DIE ANTIKEN QUILTS EIN STARKES FUNDAMENT DARSTELLEN, AUF DEM SICH EIN LEBENDIGES KUNSTHANDWERK ENTWICKELN KANN.

TROPISCHER NEUNERBLOCK

„Seit ich das Patchwork für mich entdeckt habe, habe ich fast 200 Quilts genäht, und ich habe Ideen — und ganz sicher auch ausreichend Stoff — für viele, viele weitere. Meine ersten Quilts waren traditionell, und meine Arbeiten sind auch heute noch den traditionellen Mustern verbunden. Obwohl ich ganztags arbeite, ist das Patchwork zu meinem zweiten Beruf geworden. Ich besuchte einen Grundlagenkurs bei Michael James, wo wir die Kontrastwirkungen untersuchten: extrem helle (fast weiße) Stoffe gegen extrem dunkle (fast schwarze) Stoffe. Um diese Idee umzusetzen, nähte ich einen Quilt, in dem der Kontrast durch die Farbe entsteht. "

NANCY BRELAND

Nancy Breland wählte den wohl ursprünglichsten traditionellen Block, den Neunerblock, um ihre Vorliebe für starke Hell-Dunkel-Kontraste auszuleben. Als Hintergrund für die gleichmäßige Schachbretteinteilung dienten ihr in farbgleiche Gruppen sortierte Quadrate aus Batikstoffen. Diese brachten Bewegung in das sonst so geometrisch schlichte Design. Die dunklen, auf der Spitze stehenden Quadrate des Schachbrettgitters scheinen vor den leuchtenden Hintergrundblöcken zu schwimmen. Federmotive, freihand mit der Nähmaschine mit Rayonfaden gequiltet, beleben die Geometrie des Patchworks und bringen Struktur auf die Oberfläche.

Gesamtmuster

Weil die Neunerblöcke auf die Spitze gestellt und durch große Hintergrundquadrate voneinander abgesetzt sind, entsteht der Eindruck von Leichtigkeit. Ein innerer und ein äußerer Rand mit eingesetzten Ecksteinen rahmen die Komposition ein.

Farbwerte

Eine große Anzahl von extremen Farbtönen — sehr dunkel und sehr hell — war nötig, um jeden Neunerblock aus anderen Farben zusammenzusetzen. Besonders die hellen Töne waren schwer zu finden.

Quilting

Nachdem die Quiltlagen mit geraden Linien entlang den Nähten aufeinander festgenäht waren, wurden die Federmotive freihand in die Quadrate gequiltet.

Rand und Ecksteine

Ecksteine unterbrechen die Kontinuität der inneren und äußeren Randbordüren und wiederholen das Quadratmotiv der Blöcke. Der Stoff der inneren Bordüre dient auch als Einfassung.

Zwischenblöcke

Der Batikstoff der Zwischenblöcke bietet — sorgfältig verteilt — ausreichend Abwechslung in Farbe und Musterung und ermöglicht interessante Farbgruppierungen.

GRÖSSE: 104 X 137 CM

EINE (1) NEUN (9) AUF NEUN (9) NEUNEN (9) – 1999

„Seit meinem ersten Patchworkkurs bin ich begeisterte Quilterin. Ich liebe das Patchen und Quilten, denn es bedeutet Kreativität und Handwerk in einem. Obwohl ich schon Art-Quilts genäht habe, fühle ich mich doch mehr den traditionellen Quilts in moderner Interpretation verbunden. Die Erzeugung von Illusion durch farbige Stoffe hat es mir besonders angetan, und ich liebe es, mich dieser Herausforderung zu stellen. Dies kommt, so vermute ich, daher, dass mein Lieblingsfach in der Schule Mathematik war."

REBECCA COLLINS

D ieser Quilt entstand für einen Rot-Weiß-Challenge, der von der Quilters' Guild ausgeschrieben war. Da Rot und Weiß eine klassische traditionelle Farbkombination ist, beschloss Rebecca Collins, dies durch die Verwendung des traditionellen Neunerblocks zu unterstreichen. Blöcke und Anordnung wurden auf Karopapier gezeichnet. Dann wurde ein extrem großer Neunerblock darüber konstruiert und etwas verschoben, sodass die Illusion von Transparenz entstand. Für den großen und die kleinen Neunerblöcke wurden nicht zwei, sondern drei verschiedene rote Stoffe verwendet. (Beachten Sie die Überlappungsstellen!) Die Randbordüre wurde ebenso gestaltet: Eine Reihe von Quadraten überlappt eine andere. Diese raffinierte Anordnung gab dem simplen Neunerblock neue Raffinesse.

Gesamtmuster

Der große und die kleinen Neunerblöcke sowie die Randbordüre werden durch die schlichten weißen Blöcke ihrer Umgebung in der „Schwebe" gehalten, was dem Ganzen eine gewisse Schwerelosigkeit verleiht. Die weißen Flächen sind reichlich gequiltet und folgen der Form der geschwungenen Kante. Auch in der Einfassung finden sich die Rottöne und bilden einen bravourösen Abschluss.

Vorbereitung

Um Blöcke und Randbordüre in harmonischer Proportion zueinander und zu dem weißen Hintergrund komponieren zu können, zeichnete Rebecca Collins den Quilt zuerst maßstabsgerecht auf Millimeterpapier.

Transparenz

Die Illusion von Transparenz entsteht durch den Farbwechsel von hellem zu dunklem Rot, dort, wo sich die großen und kleinen Neunerblöcke überlappen.

Quilting

Auch das Quilt-
muster spiegelt die
beiden Größen wider.
Auf die großen
Flächen und Ränder
sind dekorative
Federmuster
gequiltet.

Einfassung

Die Paspelkante der
Einfassung bildet
einen leuchtenden
Rahmen – ein deut-
licher Abschluss des
gesamten Werkes.

Patchwork

Die Teile wurden mit
der Maschine zusam-
mengesetzt. Winzige
Quadrate und
schmale Rechtecke
waren für den Über-
lappungseffekt nötig.

GRÖSSE: 110 X 114 CM

OFFENES TOR

„Mein Lieblingssatz ist: ‚Ich spüre einen neuen Quilt in mir.‘ Sobald ich die richtigen Stoffe gefunden habe, muss ich einfach beginnen. Ich wollte niemals etwas mit Handarbeiten zu tun haben – ich war Turnlehrerin –, als ich plötzlich vor 15 Jahren den ersten Quilt sah und beschloss, genau diesen nachzuarbeiten. Ich ging den mühsamen Weg: Erst als ich die traditionellen Muster beherrschte, wurde mir bewusst, dass Kreativität in mir steckte, was ich ohne das Patchwork vielleicht nie bemerkt hätte.“

DILYS FRONKS

Gesamtmuster

Obwohl der „Garten" aus Stoffquadraten entstand, fließen die Farben so raffiniert ineinander, dass Blumenbeete, Pfade, Hecken und Himmel wie gemalt aussehen. Die schwarze Silhouette, die vor dem Ganzen steht, betont die Farben und verleiht ihnen Leuchtkraft und Tiefe.

Colorwash-Quadrate

Diese Technik, bei der die Farben ineinander übergehen und keine Kontraste zeigen, wurde von Deirdre Amsden entwickelt.

Applikation

Die von Dilys Fronks benutzte Applikationstechnik weist viele technische Schwierigkeiten auf. Die gleichmäßige Symmetrie der schmalen Streifen und die Kurven am Tor erforderten große Geduld.

Vor diesem Quilt mit dem kunstvollen Farbverlauf und dem prächtigen Schmiedeeisengitter bleibt jeder stehen. Das Muster wurde durch die Stoffe bestimmt, die auf einer senkrecht stehenden Entwurfswand angeordnet wurden. Die Technik, Farben nahtlos ineinander übergehen zu lassen, wird auch „Colorwash" genannt. Die 6,5 cm großen Quadrate fügten sich wie ein Puzzle zusammen und wurden ganz von selbst zum Bild. Als die Position der Quadrate festgelegt war, wurden sie streifenweise aneinander genäht. Es ergab sich ein weicher Übergang zwischen den Farbwerten und Farbtönen. Die Silhouetten des Tores, der Bordüre und der Blätter wurden in Reversapplikation gearbeitet.

REVERSAPPLIKATION

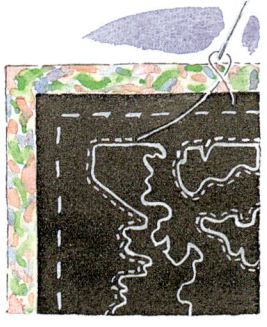

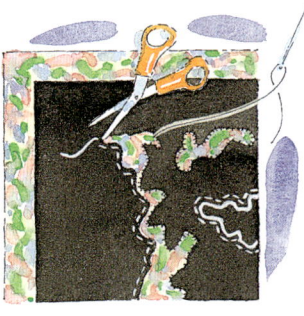

1 • Setzen Sie zuerst den Hintergrund zusammen. Sie können auch ein Stück unifarbenen oder gemusterten Stoff als Unterstoff verwenden. Übertragen Sie das Muster auf die rechte Seite des oberen Stoffes. Benutzen Sie dazu eine Lichtbox und einen Textilstift.

2 • Bügeln Sie die Stoffe besonders fest von der rechten Stoffseite aus aufeinander. Heften Sie nahe der gezeichneten Linien um das Applikationsmotiv herum.

3 • Schneiden Sie ein 1,5 cm langes Stück des Oberstoffes auf, lassen Sie 0,75 cm Nahtzugabe stehen. Applizieren Sie den oberen Stoff auf den unteren, die Fadenfarbe ist die des Oberstoffes. Arbeiten Sie immer 1,5 cm weit vorwärts. Schneiden Sie die Nahtzugabe an engen Kurven und Ecken ein und machen Sie dichte Stiche, um ein Ausfransen zu verhindern. Schieben Sie die Stoffkante kurz vor den Stichen mit der Nadelspitze nach innen.

GRÖSSE: 157 X 208 CM

WINDRAD-LABYRINTH

*„Dieser Quilt stellt den Versuch dar, die traditio-
nellen Muster aufzugreifen und sie in ein ein-
malig neues Design umzuwandeln. Ich studiere
die geometrischen Muster von Patchworkquilts; oft
fließen mehrere Motive in mein Werk ein. Die
Wahl der Farben geschieht intuitiv. Ich arbeite
hauptsächlich mit kommerziellen Druckstoffen,
benutze viele davon in einem Quilt und schaffe
gleichmäßige Übergänge oder Kontraste.“*

KATHARINE GUERRIER

Quilting

Hier wurden mit der
Nähmaschine und
mehrfarbigem Garn
gerade Linien gequil-
tet, die die Formen
innerhalb der Blöcke
aufgreifen.

Arbeitsmethode

Die Blöcke wurden
auf einer großen
Pinnwand angeordnet
und dort so lange
variiert, bis die end-
gültige Komposition
gefunden war.

Obwohl dieser Quilt auf den ersten
Blick modern wirkt, hat Katharine
Guerrier das Muster aus einem traditionellen Quilt entwickelt. Die Zwänge, denen die
frühen Quilterinnen aufgrund von Stoff-
mangel unterworfen waren, führten oft dazu,
dass die Blöcke aus Hell-Dunkel-Kontrasten
bestanden. Katharine Guerriers Quilt greift
solch ein Muster auf und wandelt es in ein
neues Design um. Im „Windrad-Labyrinth"
wurde der Hell-Dunkel-Kontrast in Verbindung mit einer neuen Patchworkmethode
benutzt. Zuerst wurden die Windmühlenblöcke genäht. Anschließend hat Katharine
Guerrier keilförmige Stücke von den Kanten abgeschnitten. Dieser Quilt ist einer von
jenen, die zum neuen Interesse an Patchworkquilts beigetragen haben, bei denen Farben,
Muster und Oberflächenstruktur nicht mehr
praktischen Zwängen unterworfen sind wie
in der Vergangenheit, sondern ihren ganzen
Zauber entwickeln können.

Gesamtmuster

Die Windmühlenblöcke wurden zu Quadraten angeordnet, die diagonal in
Hell und Dunkel aufgeteilt sind – eine Anlehnung an das traditionelle
Blockhausmuster. Der Irrgarten entstand, indem die Blöcke so gelegt
wurden, dass sich helle und dunkle Pfade und größere Flächen bildeten.
Die für diesen Quilt angewandten Nähtechniken sind ebenfalls modern:
Rollschneiden, Schnellnähtechnik und Maschinenquilten.

Inspiration

Jeder Blockhausblock
ist gleichmäßig in
eine helle und eine
dunkle Seite geteilt
und bietet uner-
schöpfliche Anord-
nungsmöglichkeiten.

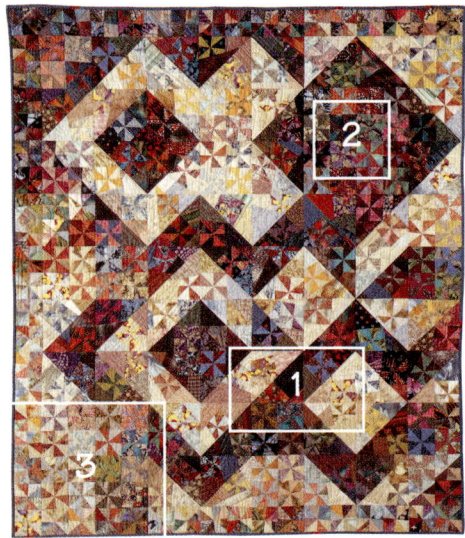

Die Lage des „Windmühlenflügels" innerhalb dieses Dreiecks variiert, steht er im rechten Winkel des Dreiecks, manchmal wird er entlang der langen Dreieckskante platziert.

Ausschnitt 1: Hell-Dunkel-Block

Das Windmühlenmuster hebt sich durch leuchtende Stoffe von den umgebenden Dreiecken ab.

Diese Details zeigen das Zusammenspiel von Hell und Dunkel. Der Kontrast in den Blöcken definiert die Diagonalen, die für das Muster so bedeutend sind. Auf beiden Seiten sind die Quiltlinien sichtbar. Das große, dunkle Quadrat ist mit dunklen Windmühlen gefüllt; die Farbigkeit erinnert an einen schimmernden Diamanten. Unten links erzielt eine große Fläche aus hellen Windmühlen den gleichen Effekt und dient der Ausgewogenheit der Komposition.

Jede Seite des Basisblocks enthält auch eine zurechtgestutzte Windmühle aus hellen bzw. dunklen Stoffen.

Die Windmühlen der dunklen Seite sind aus dunklen, mittleren bzw. leuchtenden Stoffen zusammengesetzt, während die helle Seite aus Stoffen mit hellen, mittleren oder leuchtenden Farben gearbeitet ist.

Ausschnitt 2: Die Zwischenblöcke

Die Zwischenblöcke sind etwas anders aufgebaut. Zwar wurden die Windmühlen wie bisher genäht und zurechtgeschnitten, doch bilden hier vier einen Block, und die Farbwerte sind gleich — entweder alle hell oder alle dunkel.

Farbstudie

Die verwendeten Stoffe entstammen einer Kollektion von Druckstoffen, die Auswahl und Kombination sind auf Katharine Guerriers gutes Gespür für Farbe und Muster zurückzuführen. Die ausgewählten Stoffe wurden dann so zusammengesetzt, dass der gewünschte Effekt erzielt wurde. Der Hell-Dunkel-Kontrast in einem solchen Quilt ist wichtiger als die eigentliche Farbe.

Die komplett dunklen und hellen Windmühlen werden dazu benutzt, die hellen und dunklen Bereiche zu vergrößern. So entstand auch das große, dunkle Quadrat.

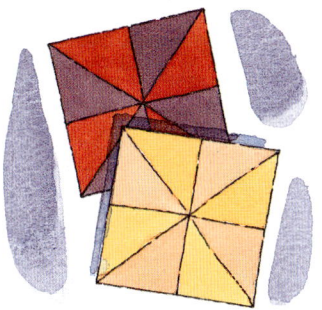 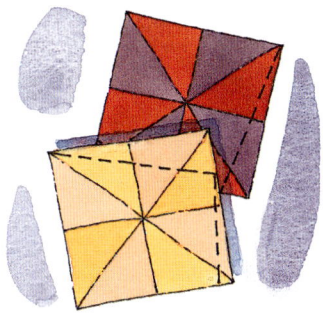  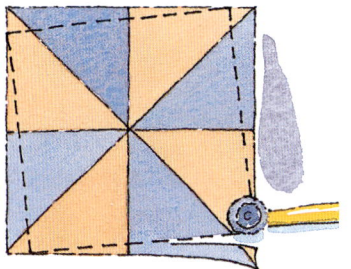

1 • Für jeden Block werden zwei Windmühlen genäht, eine für jede Seite. Variieren Sie die Größe der Windmühlen, aber beginnen Sie auf jeden Fall mit einer 12,7 cm großen Windmühle.

2 • Sind die Windmühlenblöcke genäht und gebügelt, schneiden Sie jeden unterschiedlich zurecht. Dadurch erreichen Sie Bewegung und Vielfalt. Soll die Windmühle im rechten Winkel des Dreiecks platziert werden, so achten Sie darauf, dass an einer Ecke der 90°-Winkel erhalten bleibt.

3 • Nähen Sie Stoffstücke an die Windmühlen und schneiden Sie Dreiecke zu. Setzen Sie die Dreiecke zu Blöcken zusammen.

4 • Für die Zwischenblöcke arbeiten Sie etwas größere Windmühlen und schneiden sie dann zu, wie abgebildet.

Ausschnitt 3: Zusammengesetzte Einfassung und Zwischenblöcke

Einer der Blöcke in der linken unteren Ecke ragt von einem dunklen in einen hellen Bereich hinein und balanciert die Komposition aus.

5 • Vier zusammengesetzte, zurechtgeschnittene Windmühlen bilden einen bunten Füllblock.

Hier wurden einige rote Stücke in den mittelblauen Randstreifen eingesetzt und dienen als Blickfang auf der Quiltkante.

ZUR FEIER

„Diese Stoffe wurden wegen ihrer prachtvollen Muster und der Vielfalt der Techniken, mit denen sie hergestellt wurden, ausgesucht. Manche der Stoffe sind maschinell gefertigt, manche offensichtlich von Hand. Diesen Kontrast liebe ich – streng und locker. Handbedruckte und handgebatikte afrikanische Stoffe, Stempeldrucke aus Zimbabwe, amerikanischer handgefärbter Stoff und Siebdruck – all das ergibt diese spontan komponierte Stoffkollektion."

R OBERTA H ORTON

R oberta Horton hat einige Bücher geschrieben, die ein neues Licht auf bestehende Traditionen werfen, und lenkte das Interesse der Patchworkerinnen auf Stoffe, die bisher als „unbrauchbar" aussortiert wurden. Karo- und Streifenstoffe, japanische und afrikanische Stoffe – alles hat sie verarbeitet. Der hier gezeigte Quilt ist eine dieser Arbeiten – ein Schaukasten voller Stoffe, die Rebecca Hortons Fantasie anregten. Der Quilt ist aus einfachen Elementen aufgebaut, die zu drei Längsstreifen zusammengesetzt sind. Die verschieden großen Rechtecke wurden an einer Entwurfswand sorgfältig arrangiert und so ausbalanciert, dass jeder Stoff die nötige Aufmerksamkeit auf sich ziehen kann. Die Windradblöcke in jedem der Streifen bilden Blickpunkte, die das Auge anziehen und über alle Bereiche des Quilts auf die wunderbaren Stoffe lenken.

Gesamtmuster

Jede der drei senkrechten Reihen besteht aus einer Collage von Rechtecken, mit dazwischen gestreuten Windmühlen. Die Reihen sind durch schwarzgrundige Bordüren mit großen, kreisförmigen Motiven voneinander getrennt. Die Randbordüre ist eine Sammlung von erdfarbenen Stoffen, die die wichtigsten Farben des Quilts wiederholt.

Quilting

Gequiltet wurde von Hand und mit der Maschine, wobei einige Stoffe zum Sashiko-Quilten aufforderten.

Windmühlen

Die Windmühlen mit ihren starken Diagonallinien lenken das Auge in eine neue Richtung.

Sashiko-Quilting

Sashiko ist eine traditionelle japanische Quilttechnik. Es wird mit dickem Garn und etwas längeren Stichen gearbeitet als das normale Quilting. Traditionell folgt das Sashiko sehr komplexen Mustern, und das Garn hebt sich farblich von den Stoffen ab.

SASHIKO-QUILTING

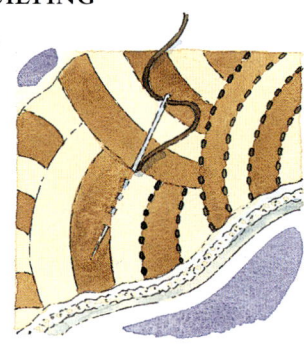

1 • Fädeln Sie Baumwoll-Sashikogarn oder Perlgarn Stärke 5 oder 8 in eine Nadel mit großem Öhr. Machen Sie einen Knoten am Ende des Fadens und ziehen Sie ihn durch den Stoff hindurch, sodass er im Vlies verborgen ist.

2 • Sashiko ist ein einfacher Vorstich. Arbeiten Sie 3 oder 4 Stiche auf 2,5 cm und nähen Sie an einer Markierungslinie oder am Stoffdesign entlang. Sichern Sie das Fadenende mit einigen Stichen in der Vlieseinlage des Quilts.

GRÖSSE: 102 x 137 CM

GEZEITENMARKE, KAP TRIBULATION

„*Wie die meisten meiner Quilts wurde auch ,Gezeitenmarke' von der australischen Landschaft inspiriert. Er ist einem Foto nachempfunden, das ich am Strand von Kap Tribulation in Nord-Queensland geschossen habe, dort, wo der Regenwald bis zur Küste reicht. Neben den üblichen Muscheln und Tang sammelten sich hier an der Gezeitengrenze Zweige, Blätter und Samenkapseln. Mir schien die Crazy-Technik geeignet, diese ,Waldabfälle', die ins Meer geschwemmt und von der nächsten Flut wieder angespült wurden, darzustellen. Hier war es mir möglich, die traditionelle Handstickerei des viktorianischen Crazy in einen modernen Quilt einfließen zu lassen.*"

WENDY LUGG

B eim Entwurf dieses Quilts ging Wendy Lugg direkt vom Foto aus. Zwei der Stoffe wurden zur Basis, um die sich alle anderen gruppierten. Die Blattformen wurden mit echten Blättern gedruckt oder schabloniert. Dieser Quilt ist Teil einer Serie von Collage-Quilts, die zu den einfachen, aber wunderschönen alten Textilien passen, die Wendy Lugg über Jahre hinweg auf ihren Reisen gesammelt hat. Für die Künstlerin war es sehr wichtig, dass sie Naturfasern, Handstickerei und grobe Stiche für dieses Stück verwenden konnte, in dem das traditionelle Crazypatchwork die Hinwendung zur Natur wirkungsvoll interpretiert.

Gesamtmuster

Die Basis des Quilts ist ein unregelmäßig geformter Stoff, an dem die Unterkante zurechtgeschnitten wurde. Einzelne Teile ragen über die Kanten hinaus. Die meisten der applizierten Motive häufen sich im oberen Bereich des Quilts, das grobe Stipplequilting gibt dem Ganzen die Oberflächenstruktur. Eine enge Farbpalette von hellen bis mittleren Beigetönen hebt das Motiv des sandumspülten Treibgutes hervor.

Sticktechniken

Für Crazypatchwork werden Zierstiche benutzt. Das zufällig verteilte Stipplequilting – hier mit groben Stichen und farblich passendem Garn – bildete Fältchen und ließ den Stoff wie von Wellen geformten Sand aussehen.

Inspiration

Wendy Luggs Foto von kleinem Treibgut am Strand zeigt viele Details und bietet eine Menge künstlerische Anregungen.

Grösse: 72 x 92 cm

Gezeitenmarke, Kap Tribulation **25**

Frei stehende Blätter ragen als plastisches Element über die obere Kante des Quilts hinaus. Dieses Detail steht in Korrelation zu der geformten Unterkante des Quilts.

Die Kombination von Applikation, Stickerei und Quilting ermöglicht diese Vielfalt an Details und Oberflächenstrukturen. Moderne Elemente, wie z. B. der geformte untere Rand, stehen neben traditionellen, wie z. B. Stickstichen, die im alten Crazy verwendet wurden.

Ausschnitt 2: Treibgut

Die Stickstiche um die applizierten Formen sind funktionell und dekorativ zugleich. Sie bedecken die Stoffkanten und befestigen die Teile auf dem Hintergrund. Viele verschiedene Stickkanten verbinden und schmücken die Formen.

Der Körnerstich wird in einzelnen kurzen, geraden Stichen in verschiedenen Richtungen gearbeitet. Hier sind sie ein Teil des Quiltings, das die drei Lagen des Quilts aufeinander hält und dabei Fältchen bildet, wie Wellenmuster auf Sand.

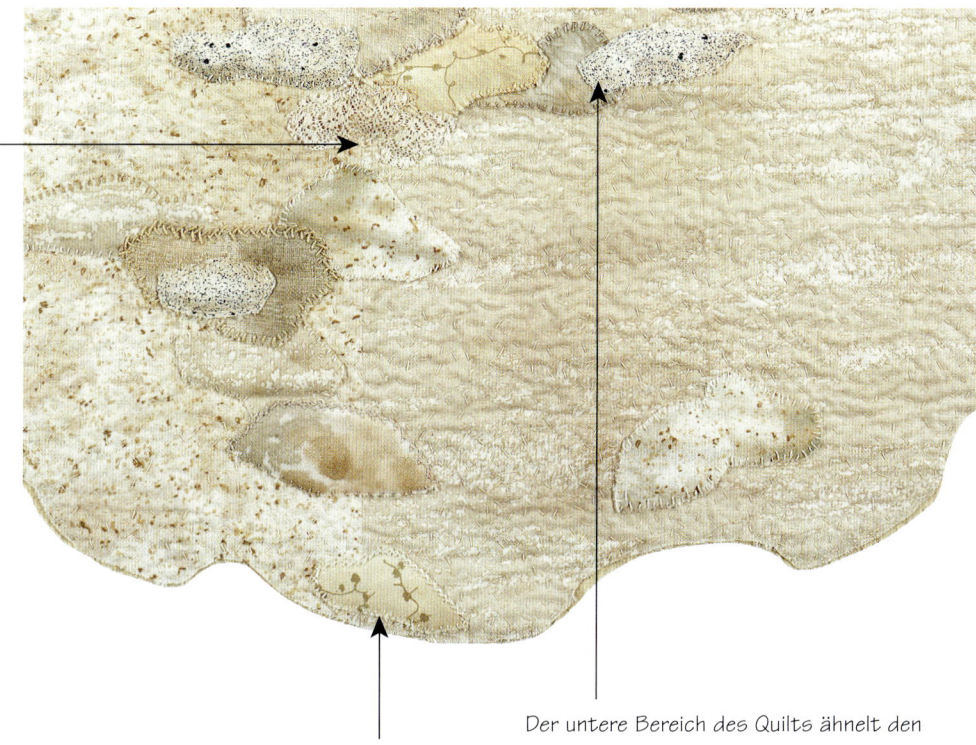

Die relativ ruhige Farbpalette im unteren Bereich des Quilts steht in Kontrast zu den dunkleren Elementen im oberen Teil. Der zart gefärbte Stoff ist an manchen Stellen mit Blättern und anderen Motiven bedruckt, die ausgewogen neben der Stickerei stehen.

Naturalistische Details des Treibgutes wurden zum Teil direkt auf Stoff gedruckt, indem die Rückseiten von Blättern mit Farbe bestrichen und auf den Stoff gedrückt wurden. So blieb die lebendige Struktur der Blattrückseiten erhalten. Auch Formen wie Samenkapseln, Zweige und anderes wurden mit Schablonen auf den Stoff übertragen.

Die geformte Unterkante des Quilts greift das Motiv des Treibgutes auf und gleicht dem Wasser, das im Sand verläuft.

Der untere Bereich des Quilts ähnelt den feinen Wellenrippen im Sand und ist entstanden durch eine Kombination von Quiltstichen und einzelnen Applikationen.

STICKSTICHE FÜR CRAZYPATCHWORK

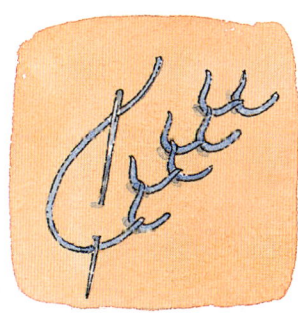 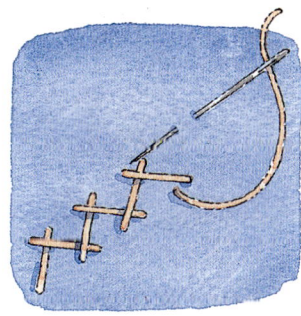 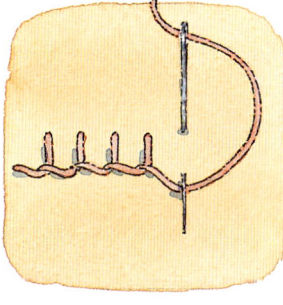 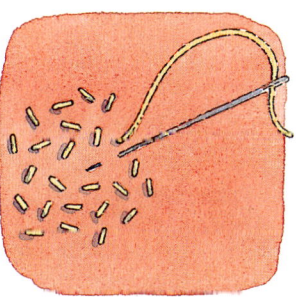

1 • **Federstich** Führen Sie die Nadel in der oberen Mitte zur Oberfläche. Machen Sie kleine Stiche abwechselnd von links und rechts zur Mitte hin und halten Sie das Garn unter der Nadelspitze, damit der Feder-Effekt entsteht.

2 • **Hexenstich** Arbeiten Sie von links nach rechts. Führen Sie die Nadel an der Unterkante zur Oberfläche und stechen Sie an der Oberkante ein Stück weiter rechts ein. Machen Sie einen kleinen Stich nach links. Stechen Sie die Nadel etwas weiter rechts in die Unterkante ein und machen Sie einen kleinen Stich nach links. Sticken Sie gleichmäßig.

3 • **Festonstich** Sticken Sie von links nach rechts. Bringen Sie den Faden auf der Unterkante nach oben. Stechen Sie die Nadel rechts davon an der Oberkante ein und führen Sie sie senkrecht auf der Unterkante wieder zur Oberfläche. Legen Sie den Faden unter die Nadelspitze. Wiederholen Sie dies und arbeiten Sie gleichmäßig.

4 • **Körnerstich** Arbeiten Sie kurze, gerade Stiche von gleicher Länge in zufälliger Anordnung über die Oberfläche. Wenn Sie den Faden kräftig anziehen, erhalten Sie eine gefältelte Oberfläche.

EINE RECHTS, EINE LINKS, EINE FALLEN LASSEN

„Das Thema Kricket in einem Wholecloth-Quilt zu bearbeiten, war sehr schwierig. Ich dachte an verschiedene Aspekte des Kricket und an Streifen in einem Streifenquilt. Ursprünglich verfolgte ich die Vorstellung eines gemähten Rasens, bis ich auf die Idee mit dem gestrickten Pullover kam. Ich gestaltete seine Oberfläche so ähnlich wie nur möglich. Ich glaube, vor allem sein Originalformat hat die Leute überrascht, die ihn bis dahin nur vom Foto kannten – alle dachten, er wäre so groß wie ein normaler Pullover. "

SANDIE LUSH

Hier wird ein Wholecloth-Quilt zum surrealistischen Werk, denn obwohl er wie ein Pullover aussieht, hat er die Größe eines Bettquilts. Durch die witzige Verbindung von zwei bekannten traditionellen Techniken – dem Stricken und dem Wholecloth-Quilting – wird ein starker visueller Eindruck erreicht. Sandie Lush zeichnete das Muster zuerst mit Bleistift auf Kopierpapier. Als sie zufrieden war, zog sie die Linien mit schwarzer Tinte nach. Dann legte sie den Stoff darüber und übertrug das Muster mit braunem, wasserlöslichem Stift. Der Stoff ist Polyestersatin, auf dem das Quiltmuster deutlich sichtbar wird, die Füllung ist Wolle, die Rückseite Baumwolle. Gequiltet wurde von Hand mit weichem Quiltgarn. Der Quilt ist rundum eingefasst, mit Schrägstreifen an den Kurven und diagonalen Ecken.

Drei Garnrollen

Das Copyright verbot es der Künstlerin, das Clublogo – drei Löwen, die unter dem V-Ausschnitt platziert sind – zu verwenden. Um jedoch darauf anzuspielen und noch einmal die Themen Kricket und Quilten zu verbinden, entwarf Sandie Lush ein Logo aus drei Garnrollen.

Das Etikett

Der Text des Labels ist genial. Pflegeanleitungen findet man im Internet, in ein Computerprogramm eingebunden. Das Label wurde auf Fototransferpapier ausgedruckt und auf ein breites Band übertragen.

Gesamtmuster

Der Ort der Ausstellung, in der dieser Quilt gezeigt wurde, war „Lord's Cricket Ground" in London. Sandie Lush hatte deshalb die Aufgabe, das Thema Quilten und das Thema Kricket zu verbinden. Dies gelang ihr mit einem Wholecloth-Quilt in der Form jener Pullover, wie sie die Clubmitglieder tragen. Die Quiltstiche zeichnen exakt die Details des Strickmusters nach – sogar die links gestrickten Reihen auf der Innenseite des Pullovers und das gerippte Bündchen.

Quilting

Sandie Lush quiltete die Flächen verschieden dicht, sodass die ungequilteten Bereiche sehr plastisch hervortraten. Die bauschige Eigenschaft des Wollvlieses unterstützte ebenfalls diesen Effekt. Innerhalb des V-Ausschnittes ist die Innenseite des Pullovers zu erkennen; deshalb verlaufen hier die Quiltlinien ganz präzise parallel und stellen die linken Maschenreihen dar. Die grafische Wirkung, die allein durch das Quilten hervorgerufen wird, ist beeindruckend.

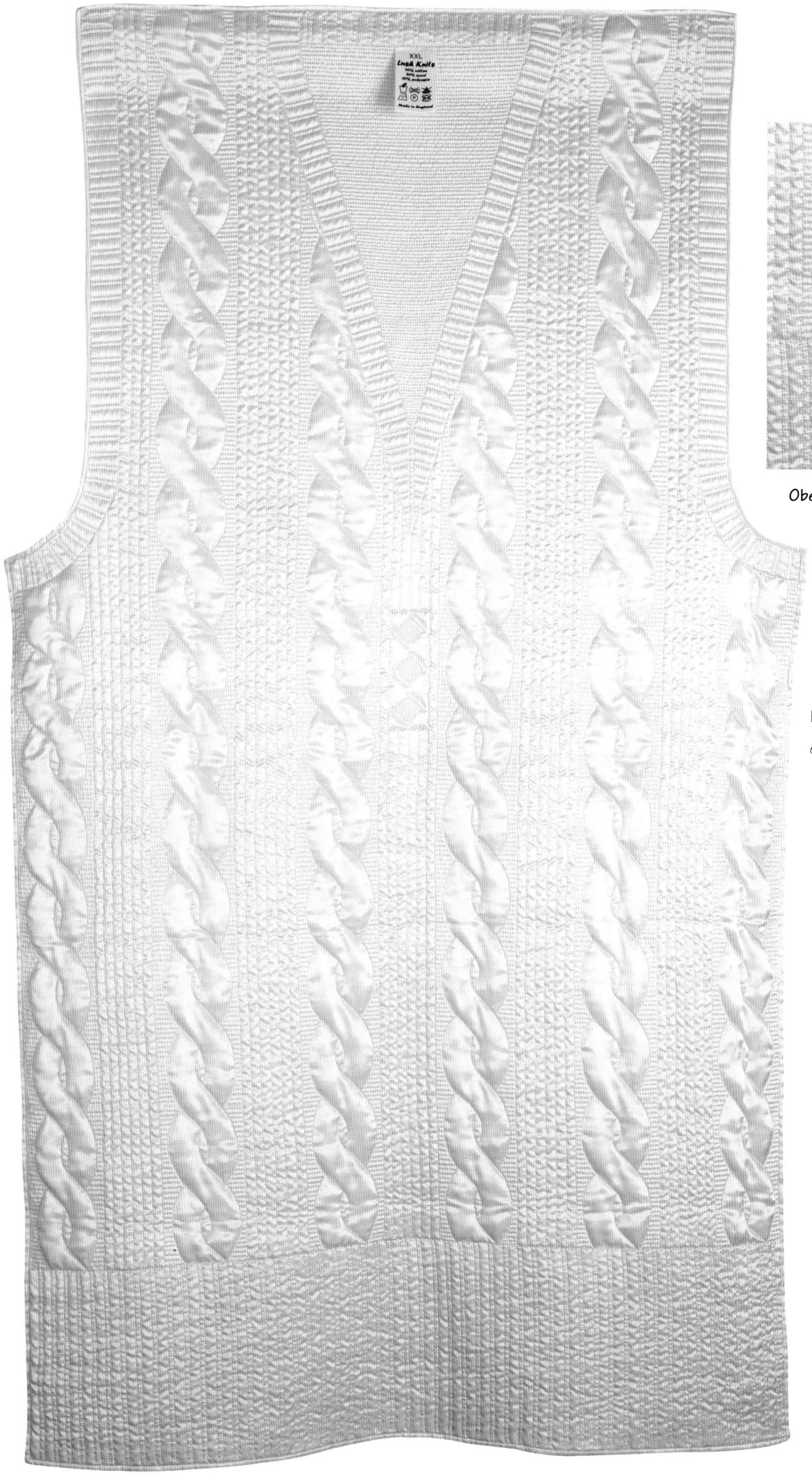

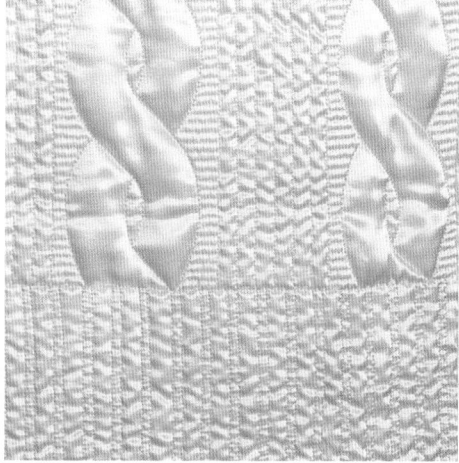

Oberflächenstruktur

Die grafische Textur der Oberfläche entstand einzig durch Quiltstiche und zeigt das Geschick und die Vorstellungskraft, die in diesem Werk stecken. Die schimmernde Oberfläche reflektiert das Licht und betont das durch die Stiche entstandene Flachrelief.

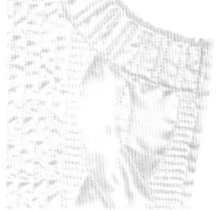

Einfassung

Um den Pullover so echt wie möglich aussehen zu lassen, wurde großen Wert auf Details gelegt. Sandie Lush ging sogar so weit, an den gebogenen Kanten Schrägstreifen und an den langen Kanten gerade geschnittene Streifen anzunähen, die an den Ecken diagonal gefaltet wurden.

GRÖSSE: 100 x 175 CM

WONNE MEINES HERZENS

*„Ich hatte an einem Workshop einer Quilterin teil-
genommen, deren Spezialität es ist, Herzformen in
Quilts einzuarbeiten. Als der Verein ‚Quilts UK‘
einen Wettbewerb zum Thema Herzen ausschrieb,
hatte ich sofort Lust, einen Quilt zu nähen. Ein
überraschender Effekt ergab sich durch den großen
Stern in der Mitte, der sich beim Entwerfen nach
und nach herausbildete. Da die Herzform das stärks-
te Element ist und weil mir dieser Quilt der liebste
ist, nannte ich ihn ‚Wonne meines Herzens‘. “*

MARY MAYNE

B eim Patchworken entstehen viele Ideen
und Anregungen aus dem Austausch
zwischen Künstlerinnen und Näherinnen.
Mary Maynes Quilt, das Ergebnis einer Begegnung mit Moneca Calvert, entstand durch
das Übereinanderzeichnen von unterschiedlich großen Kreisen. Mary Mayne entwarf auf
Papier. Sie benutzte Weingläser und Fadenspulen als Kreisschablonen und setzte so die lange
Tradition fort, in der Quilterinnen Alltagsge-
genstände zum Schablonenmachen benutzten.
Da der Quilt symmetrisch ist, konnte sie mit
einem originalgroßen Viertel ihres Papierent-
wurfes arbeiten. Die Stoffteile wurden von
Hand zusammengesetzt, und Mary Mayne
hatte Mühe, den Stoff an den Kurvennähten
nicht zu überdehnen. Sie benutzte vielerlei
Quiltmuster – traditionelle und solche, die
extra für diesen Quilt entworfen worden
waren. Diese Muster in Kombination mit den
harmonischen Farben geben dem Quilt eine
ruhige Kraft, und es lohnt sich, ihn lange
zu betrachten.

Gesamtmuster

Mary Mayne wählte
Baumwollstoffe in
Lavendel, Blau und
Weiß. Die elegant
geschwungenen
Federmotive in den
weißen Feldern der
großen Herzen ziehen
den Blick auf sich,
während das dia-
gonale Raster und
das Echoquilting auf
dem dunkelblauen
Rand eine interes-
sante Oberflächen-
struktur schaffen.

Patchwork

Der ursprüngliche
Plan, die Oberseite
mit der Maschine
zusammenzusetzen,
erwies sich als zu
schwierig, und so
wurde von Hand
genäht, in der Mitte
beginnend, bis nach
außen.

GRÖSSE: 152 X 152 CM

Einfassung

Mary Mayne fasste
den Quilt ein, indem
sie den Stoff der
Rückseite zur Vor-
derseite faltete und
dort festnähte. Da
sie einen Stoff be-
nutzte, der im Patch-
work der Vorderseite
vorkam, war die op-
tische Verbindung
hergestellt.

Quilting

Ein dichtes Netz von
Quiltlinien bildet eine
zusätzliche Ober-
flächenstruktur. Hier
fügen sich Patchwork
und Quilting schön
ineinander und be-
tonen sich gegen-
seitig. Auf Unistoff
sind Quiltstiche
immer deutlich sicht-
bar und ein zusätz-
licher Schmuck.

Kontrast

Ein gut ausgewogenes Verhältnis von hellen,
mittleren und dunklen Stoffen bringt die
Herzmotive vorteilhaft zur Geltung. Die
unterschiedlichen Stoffmuster schaffen eine
optische Struktur.

KENKA

„Die Blüte der Kenka-Kirsche ist eines der Symbole von Tokio. Ich wurde um einen Quilt mit diesem Motiv gebeten, der auf einer Ausstellung in Yokohama gezeigt werden sollte; deshalb setzte ich eine Kirschblüte in die Mitte. Die Komposition enthält auch Ginkgoblätter und Yurikamome-Vögel, ebenfalls Symbole für die Gegend. Ich arbeitete den Quilt in der Bleiglasfenstertechnik und verwendete unterschiedliche Stoffarten wie Baumwollstoffe und Brokate. "

HIROMITSU TAKANO

In Japan haben dekorative Kunst und Kunsthandwerk eine lange Tradition, und wer sie ausübt, ist hoch angesehen. Hirumitsu Takanos Arbeiten wurden schon oft veröffentlicht, besonders in der japanischen Zeitschrift „Patchwork Quilt Tsushin". Er führt auch im Fernsehen Kunst- und Handwerkstechniken vor. Seine Quilts werden in Japan und im Ausland ausgestellt. In „Kenka" fasziniert die Ausgewogenheit zwischen handwerklichem Können und künstlerischem Ausdruck. Der Quilt wurde in der Bleiglasfenstertechnik genäht, welche sich durch leuchtende Farben und klare Formen auszeichnet. Farbflächen sind durch Stoffstege, das „Blei", voneinander abgesetzt, weshalb es wichtig war, nicht zu kleine oder zu komplizierte Flächen zu entwerfen. Alle Teile der Oberfläche wurden auf schwarzem Stoff zusammengefügt, fast wie bei einem Puzzle.

Gesamtmuster

Ein klares Design aus Blumen, Blättern und Vögeln wird von den Linien der umgebenden, leuchtend blauen und rostroten Streifen zusammengehalten. Die große, zentrale Kirschblüte ist das dominierende Motiv, während man die 16 Vögel im Randbereich regelrecht suchen muss. Japanische Stoffe sind wegen ihrer edlen Farbgebung und Qualität berühmt. Hier passen die ausgewählten Stoffe hervorragend zum Thema des Quilts.

Das Kirschblütenmotiv

Die großen Blütenblätter wurden aus vielen verschiedenen Stoffen zusammengesetzt, bevor sie in die Quiltmitte gearbeitet wurden. So ist jedes Blütenblatt in Abschnitte geteilt, was es interessant macht und strukturiert. Leuchtende Streifen aus rostfarbenem Stoff definieren die Staubgefäße und umrahmen die Blütenblätter.

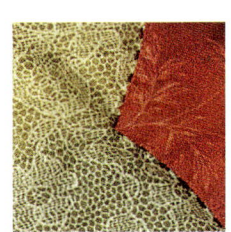

Farbe

Der dekorative Kreis und der terrakottafarbene Hintergrund stehen in Kontrast zu dem vorherrschenden Pink, Blau und Grün der Stoffe.

„Blei"-Streifen

Die „Blei"-Streifen, die die Flächen voneinander trennen, müssen im diagonalen Fadenlauf zugeschnitten sein, damit sie sich um die Kurven legen lassen. Sie werden sorgfältig von Hand angenäht, bedecken die Schnittkanten der Teile und verbinden die Musterelemente.

Vögel

Die 16 Vögel zu finden, die im Randbereich verborgen sind, ist gar nicht so einfach. Sind sie erst entdeckt, betonen sie die Symmetrie der Komposition.

GRÖSSE: 61 x 61 CM

DIE GUTE ALTE ZEIT

„Ich begann zu quilten, als ich in den USA lebte und dort einen Grundlagenkurs besuchte. Es hat mich gepackt. Endlich hatte ich eine Möglichkeit gefunden, mich selbst auszudrücken. Welch eine Gelegenheit, in die kaleidoskopartige Welt der Farben zu entfliehen, die mich immer schon fasziniert hatte! Die Hauptmotivation für die Herstellung dieses Quilts war der Wunsch, eine Tüte voller ausgefallener Stoffe zu verarbeiten. Ich bin mir unserer Wegwerfgesellschaft wohl bewusst, und als das Millennium begann, besann ich mich auf alte Werte – Wiederverwertung und Sparsamkeit – und wollte nicht noch mehr Stoff kaufen.“

CAROLINE WILKINSON

Caroline Wilkinson wählte die Crazy-Technik, denn sie hatte auf ihre Stoffe Rücksicht zu nehmen. Es handelte sich um eine Tüte voller Schneiderreste, eine voller hochwertiger Polsterstoffmuster und eine ganze Kollektion von gesammelten Resten aus Seide, Satin, Taft, Samt, Bändern und Metallicstoffen. Das traditionelle Blockhausmuster in der Barn-Raising-Anordnung fand ebenfalls Verwendung in dem Quilt. Im Blockhausmuster können Hell-Dunkel-Kontraste vielseitig eingesetzt werden; es eignet sich daher ausgezeichnet für einen Restequilt. Die Blöcke wurden in der Blockhaustechnik auf Basisstoff genäht. Noch vor dem Zusammensetzen wurden sie mit Borten oder mit maschinengestickten Schmucknähten unter Verwendung von dekorativen Fäden verziert.

Gesamtmuster

Das Design aus strahlendbunten dunklen und hellen, auf der Spitze stehenden Quadraten ist eine clevere Kombination von Crazypatchwork und Blockhausmuster. Die Blöcke wurden hier auf die Spitze gestellt. Teile anderer klassischer Blöcke, wie Neunerblock und Fächer, tauchen ebenfalls in einzelnen Blöcken auf.

Inspiration

Auch die starken, leuchtenden Farben von Kirchenfenstern inspirierten die Künstlerin zu ihrem Quilt „Die gute alte Zeit“.

Arbeitsmethode

Caroline Wilkinson entwirft selten auf Papier, stattdessen arbeitet sie direkt in Stoff. Sie verwendet eine senkrechte Entwurfswand und hält Zwischenergebnisse mit einer Polaroidkamera fest.

GRÖSSE: 164 X 168 CM

Zwar ist jeder Block aus ganz einmaligen Stoffformen zusammengefügt, doch wird das Gesamtmuster durch die Anordnung der großen Quadrate aus hellen und dunklen Stoffen bestimmt. In einigen Ecken sind Fächermuster eingearbeitet – ein beliebtes Motiv in frühen Crazyquilts.

Ausschnitt 1: Quiltmitte

Die Mitte des Quilts ist aus 16 Blöcken aus dunklen Stoffen zusammengesetzt. Die Blöcke sind auf die Spitze gestellt und bilden ein dynamisches Zentrum.

Manche der Eckblöcke zeigen ein Fächermotiv, dessen Konturen mit Stickstichen verziert sind.

Durch die unterschiedlichen Formen und Größen der Stoffstücke in jedem Block erhält das Ganze einen zusätzlichen Reiz.

Ausschnitt 2: Mischung ausgefallener Stoffe

Diese Blockhausblöcke wurden auf Untergrundstoff genäht. Solch ein Basisstoff stabilisiert die Blöcke und ermöglicht es, verschiedene Stoffqualitäten zu verarbeiten. Auch der Fadenlauf der Stoffe kann außer Acht gelassen werden.

Gemäß den Regeln der Blockhaustechnik sollten es eher die Kontraste sein, die die Musterlinien festlegen, als die Farben.

Die Farben werden innerhalb der Blöcke abgestuft. Warme und kalte Töne sitzen dicht beisammen, lediglich in helle und dunkle Farben sortiert.

Ausschnitt 3: Blockrecycling

Die Einbeziehung von Blockteilen, die von vorhergehenden Projekten übrig geblieben waren, wie dieser Neunerblock, setzt den Gedanken des Recycling fort.

Maschinenstickerei mit dekorativen Garnen, Borten und Bändern verziert die Blöcke in der Tradition des Crazypatchwork des 19. Jahrhunderts.

Ausschnitt 4: Füllung

Anstatt zu quilten, befestigte Caroline Wilkinson die drei Lagen von Oberseite, Füllung und Rückseite mit Stickstichen aufeinander. So entstand eine sehr plastische Oberfläche.

CRAZY-BLOCKHAUS-KONSTRUKTION

1 • Legen Sie das Mittelstück des Blockhauses auf ein Quadrat aus leichtem Basisstoff, z. B. Nessel.

2 • Legen Sie das zweite Stück rechts auf rechts darüber. Eine Kante liegt genau auf der des Mittelstücks. Nähen Sie durch alle drei Stofflagen.

3 • Falten Sie das zweite Stoffstück auf und bügeln Sie es. Schneiden Sie die überstehenden Kanten entsprechend den Kanten des ersten Teils zurecht. Nähen Sie weitere Teile in gleicher Weise an, bis der ganze Basisstoff bedeckt ist.

4 • Schneiden Sie den Block zum Quadrat und nähen Sie 3 mm breit entlang den Kanten. Beim Zusammensetzen der Blöcke nähen Sie durch alle Lagen und bügeln die Nahtzugaben auseinander, um die Nähte flach zu halten.

Farbstudie

Caroline Wilkinson benutzte Fotos und Postkarten von Mosaikfußböden, farbenfroher Keramik, Sonnenuntergängen und modernen Quilts als Anregung. Dann wählte sie exotische Stoffe wie Seide, Satin und Taft, um die verschiedenen Farb- und Lichteffekte zu erreichen, die auf diese Inspirationsquellen zurückgingen.

DREIDIMENSIONAL UND PLASTISCH

◆

DURCH GESCHICKTEN EINSATZ VON FORM UND
FARBE GELINGT ES DEN PATCHWORKERINNEN,
AUF DER FLACHEN OBERFLÄCHE EINES QUILTS
DEN EINDRUCK VON TIEFE, ENTFERNUNG UND
BEWEGUNG DARZUSTELLEN. DIE TEXTILKÜNSTLE-
RINNEN FORDERN VON SICH SELBST, IMMER AN-
SPRUCHSVOLLERE ILLUSIONEN ZU ERZEUGEN, UND
SCHAFFEN WUNDERBARE TRANSPARENTE UND
PERSPEKTIVISCHE EFFEKTE. DIESES KAPITEL ZEIGT
QUILTS, DIE UNS VIEL MEHR ZU BIETEN HABEN, ALS
ES AUF DEN ERSTEN BLICK ERSCHEINT.

MITTERNACHTSFANTASIE

„Ich liebe es, Stoffe anzufassen, und arbeite gerne mit den Farben einer grenzenlosen Farbskala, die nur entstehen, wenn man selber färbt und bemalt. Solange ich denken kann, habe ich mich durch Kunst ausgedrückt. Ich studierte Design, Zeichnen und Malen. Nach vielen Jahren des Malens, Nähens und des Experimentierens mit anderen Medien wurde mir klar, dass Stoff das für mich geeignetste künstlerische Medium ist. Kernpunkte meiner Arbeiten sind Farbe, Linie und Struktur, die Emotionen wecken und ein Gefühl von Geheimnis, Begeisterung und Freude hervorrufen sollen.“

CARYL BRYER FALLERT

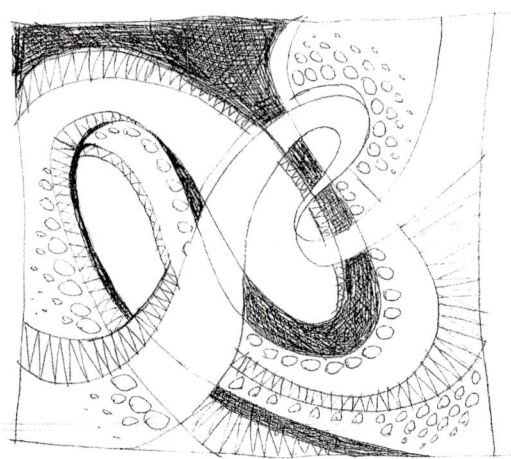

Inspiration

Die Idee zu diesem Quilt kam in einer schlaflosen Nacht, als Caryl Bryer Fallert zum Zeitvertreib einige kleine Zeichnungen anfertigte. Eine davon arbeitete sie später aus, und daraus entstand der Entwurf.

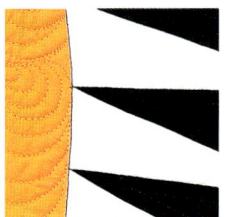

Auf Papier genäht

Das Nähen auf Papier ermöglichte es, die winzigen Stoffstücke exakt in das Muster einzusetzen.

Gesamtmuster

Obwohl dies eine abstrakte Arbeit ist, wurde sie doch von den Eindrücken inspiriert, die Caryl Bryer Fallert auf ihren Reisen und im täglichen Leben sammelte. Sie sagt, dass ihre Werke vom Sehen, Erleben und der Vorstellungskraft handeln und sie kein Interesse daran hat, einen Gegenstand oder eine Gestalt bildhaft darzustellen. Hier sind es die wechselnden Perspektiven, die plastische Tiefe erzeugen.

Caryl Bryer Fallert erzeugt in ihren international preisgekrönten Quilts die Illusion von Bewegung, Tiefe und innerem Leuchten. Für diesen Entwurf zeichnete sie die großen peitschenden Formen in Originalgröße auf ein 0,4 qm großes Papier. Daraus fertigte sie Schablonen für die einzelnen Teile des Quilts. Die geschwungenen Nähte schienen ihr viel interessanter als die üblichen geraden. Die gezackten schwarz-weißen Linien mussten auf Papier genäht werden, bevor sie in den eigentlichen Quilt integriert werden konnten. Caryl Bryer Fallert verwendete viele verschiedene Garne und eine Reihe von Mustern, die mit der Maschine gequiltet werden. Dieses Werk ist ein schönes Beispiel für ihre Sorgfalt und Detailgenauigkeit, für die sie ebenso bekannt ist wie für ihre hinreißenden Entwürfe.

GRÖSSE: 122 x 122 cm

Indem sie ihre Stoffe selbst färbt und bemalt, hat Caryl Bryer Fallert mehr Möglichkeiten, sanfte Farbübergänge und Schattierungen zu erzielen, was für die dreidimensionale Wirkung besonders wichtig ist. Auch die Komposition der geschwungenen Formen mit dem dichten Quiltmuster verstärkt den plastischen Effekt.

Die Illusion von Bewegung, Tiefe und Leuchtkraft ist fast allen ihren Quilts gemeinsam, denn die Künstlerin konzentriert sich mit Vorliebe auf Farbe, Linie und Struktur.

Die geschickte Farbwahl an der Stelle, an der eine Form die andere überschneidet, erzeugt die Illusion von Transparenz.

Ausschnitt 2: Quilting

Die vielen verschiedenen Quiltmuster betonen die Farbflächen und schaffen optische Zusammenhänge zwischen unterschiedlichen Flächen.

Die dicht gequiltete Oberfläche entstand durch freies und maschinengeführtes Quilten.

Ausschnitt 3: Einfassung

Ausschnitt 4: Exaktes Patchwork

Die zusammenge-
setzten schwarzen
und weißen Dreiecke
auf ihren gebogenen
Wegen sehen deshalb
so plastisch aus, weil
die Winkel und Län-
gen der Spitzen den
gebogenen Wegen
angepasst wurden.

Winzige Teile, scharfe Spitzen und asymmetrische Formen, die auf
traditionelle Art sehr schwierig zu nähen wären, gelingen dank der
Papiernähtechnik perfekt.

Das Schwarz im Einfassstreifen und in den
spitzen Zacken steht komplementär zu den
leuchtenden Farben und hebt sie zusätzlich
hervor. Die Einfassung verschmilzt teilweise
mit den dunklen Tönen der Oberfläche und
beruhigt die Komposition.

NÄHEN AUF PAPIER

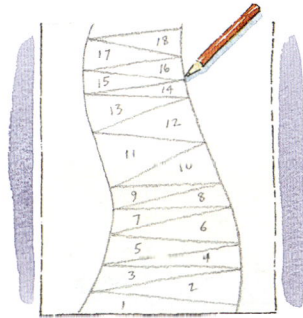

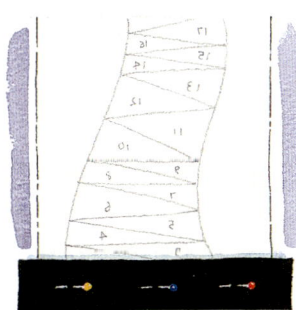

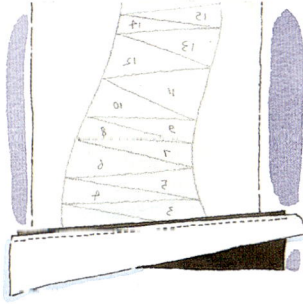

1 • Zeichnen Sie Ihren
Entwurf auf Papier und lassen
Sie an allen Kanten mindestens 0,75 cm als Nahtzugabe
frei, um die angrenzenden
Stoffflächen annähen zu können. Legen Sie die Nähreihenfolge fest und numme-
rieren Sie die Felder.

2 • Legen Sie Stoffteil 1 mit
der rechten Seite nach oben
auf Feld 1 der unbeschrifteten
Papierseite. Der Stoff muss
groß genug sein, um das ent-
sprechende Feld zu bedecken.

3 • Legen Sie Stoffteil 2 rechts
auf rechts auf Stoffteil 1 und
falten Sie Teil 2 auf, um zu
prüfen, ob es das Feld ausreichend bedeckt. Klappen Sie
Teil 2 wieder zurück und stecken Sie es fest. Wenden Sie
das Papier wieder um, schneiden Sie den überstehenden
Stoff bis auf 0,75 cm Nahtzugabe zurück und falten Sie
Teil 2 wieder auf, sodass es
flach auf dem Papier liegt.

4 • Wiederholen Sie Schritt 3,
bis die Papiervorlage bedeckt
und die Bordüre vollständig
genäht ist. Entfernen Sie das
Papier aus den Nähten der
Rückseite.

Kein Feigling in Sachen Baumwolle, Fantasieform Nr. 6117

„Dieser Quilt ist der vierte in der Serie ‚Fantasie-form'. Die abstrakten geschwungenen Formen entstehen meist, wenn ich mit anderen Dingen beschäftigt bin – diese habe ich während des Telefo-nierens gekritzelt. Ich glaube, ich bin die geborene Quilterin, denn ich bringe die Voraussetzungen mit, die das Quiltnähen verlangt: den Blick für die Farbe, die Leidenschaft für Stoffe, Nähkenntnisse und eine Menge Ausdauer. Mit dem Titel der Arbeit weise ich auf den Quilt als Kunstform hin und auf meine Entschlossenheit, nicht der Versuchung zu erliegen, kleine, preiswerte Dinge herzustellen, die sich leicht verkaufen lassen."

Judy B. Dales

Gesamtmuster

Eine komplizierte Anordnung von geschwungenen Formen in harmo-nischen Farben – Rosa, Pink und Türkis – schwebt über einem zartfarbigen Hintergrund. Die Hauptlinien sind duch einen satt-blauen Stoff betont, der sehr lebendig über die ganze Kom-position hinweg-wirbelt. Die Quiltlinien wiederholen und be-tonen die Formen. Judy Dales widmet sich voller Hingabe der peinlich genauen Umsetzung des Ent-wurfs, ohne irgend-welche Abstriche zugunsten einer ein-facheren Nähweise zu machen.

Um die Arbeit an diesem Quilt begin-nen zu können, musste zuerst eine originalgroße Vorlage gezeichnet werden – Judy B. Dales benutzte dazu einen Over-headprojektor. Das Muster wurde noch ver-feinert und jedes Teil mit beschrifteten Etiketten versehen. Dann wurden Schablo-nen aus Pappe hergestellt und jedes einzelne Stoffstück einzeln zugeschnitten. Vor dem Zusammensetzen wurden einige der Hinter-grundteile mit Chiffon und Tüll bedeckt. Judy Dales quiltete auf der Maschine mit unsichtbarem Nylongarn, das zur Farbe jedes Stoffes passt. In der heutigen Zeit von Rollschneider und Schnelltechniken begeg-net man kaum noch einer Künstlerin, die einzelne Teile mit Hilfe von Schablonen zuschneidet, doch ist dies die einzige Möglichkeit, einen so komplexen Quilt zu nähen.

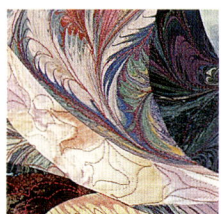

Quilting

Freie Quiltlinien und zusätzliche gequiltete Motive bedecken und beleben die Oberfläche. Dichtes Quilting führt zu einer interessanten Oberflächenstruktur.

Marmorierte Stoffe

Dieser Quilt entstand aus der Zusammenarbeit von Judy Dales mit der Textilkünstlerin Marjorie Lee Bevis. Marjorie Bevis stellt Stoffe mit abstrakten Musterungen her, ähnlich dem marmorierten Papier. Sie bat Judy B. Dales, einen Quilt aus ihren Stoffen herzustellen.

Hintergrund

Für den Hintergrund wurden blasse Stoffe mit sanften Farbübergängen gewählt. Zusätzliche Lagen von durchsichtigem Stoff wurden noch vor dem Zusammensetzen auf die Stoffteile genäht und lassen die Kanten und Nähte verschwimmen wie bei einem Aquarell.

GRÖSSE: 155 X 119 CM

Geschwungene Formen

Die Anordnung der geschwungenen Formen war so kompliziert, dass für jedes Teil eine Schablone nötig war. Alles musste perfekt zusammenpassen, was große Herausforderungen an die Künstlerin stellte: die richtige Wahl von Stoff und Farbe, das Finden einer geeigneten Nähreihenfolge und das Nähen selbst.

ZEITGEFÜHL

„Ich habe Kunst und Handdruck studiert, und das führte mich zur Entwicklung eines stark geometrischen Patchworkstils. Meinen ersten Quilt nähte ich vor 20 Jahren und begann mit traditionellen Mustern. Ich interessiere mich für Architektur und Art déco, und das hat meine Arbeit der letzten zehn Jahre stark beeinflusst. Ich setze oft Unistoffe ein, weil ich die Quilts der Amish verehre und weil ich glaube, dass dadurch die Quiltstiche mehr Bedeutung bekommen."

MARGARET DAVIDSON

Margaret Davidson nähte auf traditionelle Weise mit der Hand und quiltete auch von Hand. Der lineare Aufbau der Art-déco-Muster führte sie zu der Entwicklung von Streifenquilts – die geometrischen Muster sind zu langen Reihen zusammengestellt, anstelle von sich wiederholenden quadratischen Blöcken. Margaret Davidson zeichnete zuerst ihren Entwurf verkleinert auf Karopapier und legte die Farben fest. Diese wurden z. T. dadurch bestimmt, wie viel Stoff vorhanden war. Als alle diese Entscheidungen getroffen waren, fertigte sich Margaret Davidson für jede Form eine Schablone an. Die breite Reihe in der Mitte des Quilts wird an beiden Seiten von schmalen Reihen flankiert. Jeder Streifen ist aus einer anderen Musterfolge komponiert. Um die strenge Geometrie noch zu verstärken, quiltete sie Ellipsen und Kreise.

Gesamtmuster

Obwohl das Gesamtmuster wie ein Streifenquilt aufgebaut ist, ist der Bezug zum Traditionellen kaum noch erkennbar. Die Streifen sind unterschiedlich breit, und jeder zeigt eine Reihe rhythmisch verteilter, verschiedenster geometrischer Formen. Die klaren Farben und das eindrucksvolle Design stehen in Beziehung zueinander. Die diagonalen Ecken und der Wechsel von dunklen zu hellen Farben am Rand schaffen Dreidimensionalität.

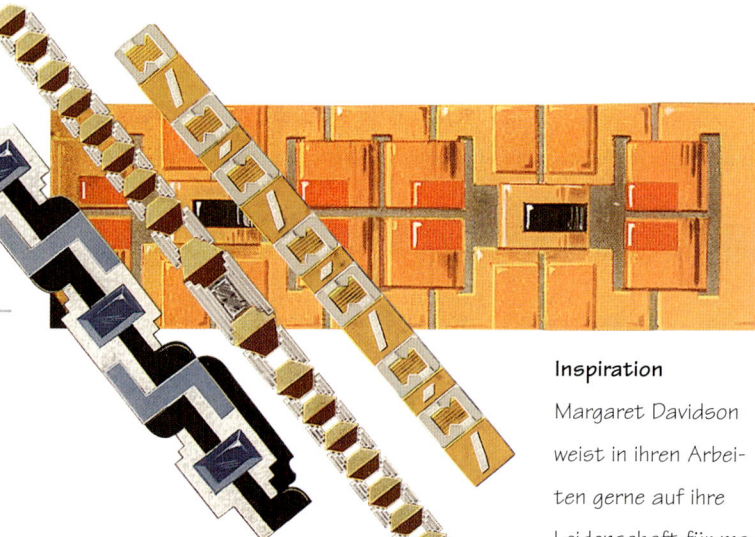

Inspiration

Margaret Davidson weist in ihren Arbeiten gerne auf ihre Leidenschaft für moderne Kunst und Architektur hin. Für diesen Quilt studierte sie Uhrenarmbänder des Art déco.

Winkelanordnung

Gegenläufige Winkel sowie diagonale, waagerechte und senkrechte Linien schaffen den Eindruck von Bewegung und betonen den Bezug zum Art déco.

Oberfläche

Die Oberfläche der Stoffe wirkt ähnlich wie Wildleder – ein Ergebnis des Handfärbens.

Nähen mit der Hand

Trotz des großen Zeitaufwandes entschied sich Margaret Davidson für das Nähen mit der Hand, weil sie sichergehen wollte, dass die verschiedenen Segmente genau zusammenpassen.

GRÖSSE: 178 X 203 CM

SECHZIG GRAD UND FALLEND

„Ich nähe schon mein ganzes Leben lang. Bei meinem ersten Quilt — einem handapplizierten Babyquilt für eine Freundin — ging ich noch zur High-School. In den vergangenen 30 Jahren habe ich schätzungsweise tausend Quilts genäht, und mindestens ein Drittel davon sind Bettquilts. Was mir dabei am besten gefällt ist, dass ich meine eigenen Quilts entwerfen kann. Aus Zeitgründen habe ich mich zum Maschinenquilten entschlossen, aber ich quilte genauso gerne von Hand. "

JANE HARDY MILLER

Dieser Quilt zeigt viele unterschiedliche Stoffe, die alle in verschiedenen 60°-Formen aneinander gefügt sind. Die 60°/30°-Raute ist die Grundform für den traditionellen Babyblock. Indem man die Stoffe in dunkle, mittlere und helle Farbtöne sortiert und konsequent jeweils auf der gleichen Blockseite arrangiert, ergibt sich eine stark plastische Illusion. Jane Hardy Miller hat diesem Quiltmuster eine moderne Komponente hinzugefügt. Sie arbeitete an einer senkrechten Entwurfswand und arrangierte und beobachtete das Muster so lange, bis alle Teile richtig saßen. Manchmal fertigte sie Skizzen an, um neue Variationen auszuprobieren. Sie quiltete viele Muster „frei" mit der Maschine, bei versenktem Stofftransport. Dieser Quilt ist ein Musterbeispiel für ein sorgfältiges Platzieren der Farbtöne sowie ein weit reichendes Spektrum an verschiedenen Stoffen in einer eingeschränkten Farbpalette.

Gesamtmuster

Bei diesem Quilt springt als Erstes der 3-D-Effekt ins Auge, der sich durch die ineinander geschachtelten Rauten und Dreiecke in verschiedenen Größen und Gruppierungen ergibt. Die Vielfalt der Formen und ihre unterschiedliche Größe regen zu ausgiebiger Betrachtung an.

Inspiration

Dieser seidene Babyblock-Quilt aus dem 19. Jahrhundert zeigt ganz deutlich, wie sich aus jeweils drei Rauten, die zu einem Sechseck gruppiert wurden, „dreidimensionale" Würfel ergeben, wenn die gleichen Farbwerte jeweils zur gleichen Seite ausgerichtet sind. Der Titel „Sechzig Grad und fallend" gilt den purzelnden Würfeln und bezieht sich auf die 60°-Winkel.

Kleine Dreiecke

Die Flächen aus kleinen Dreiecken verschmelzen übergangslos mit den größeren Formen und lassen Zwei- und Dreidimensionalität verschwimmen.

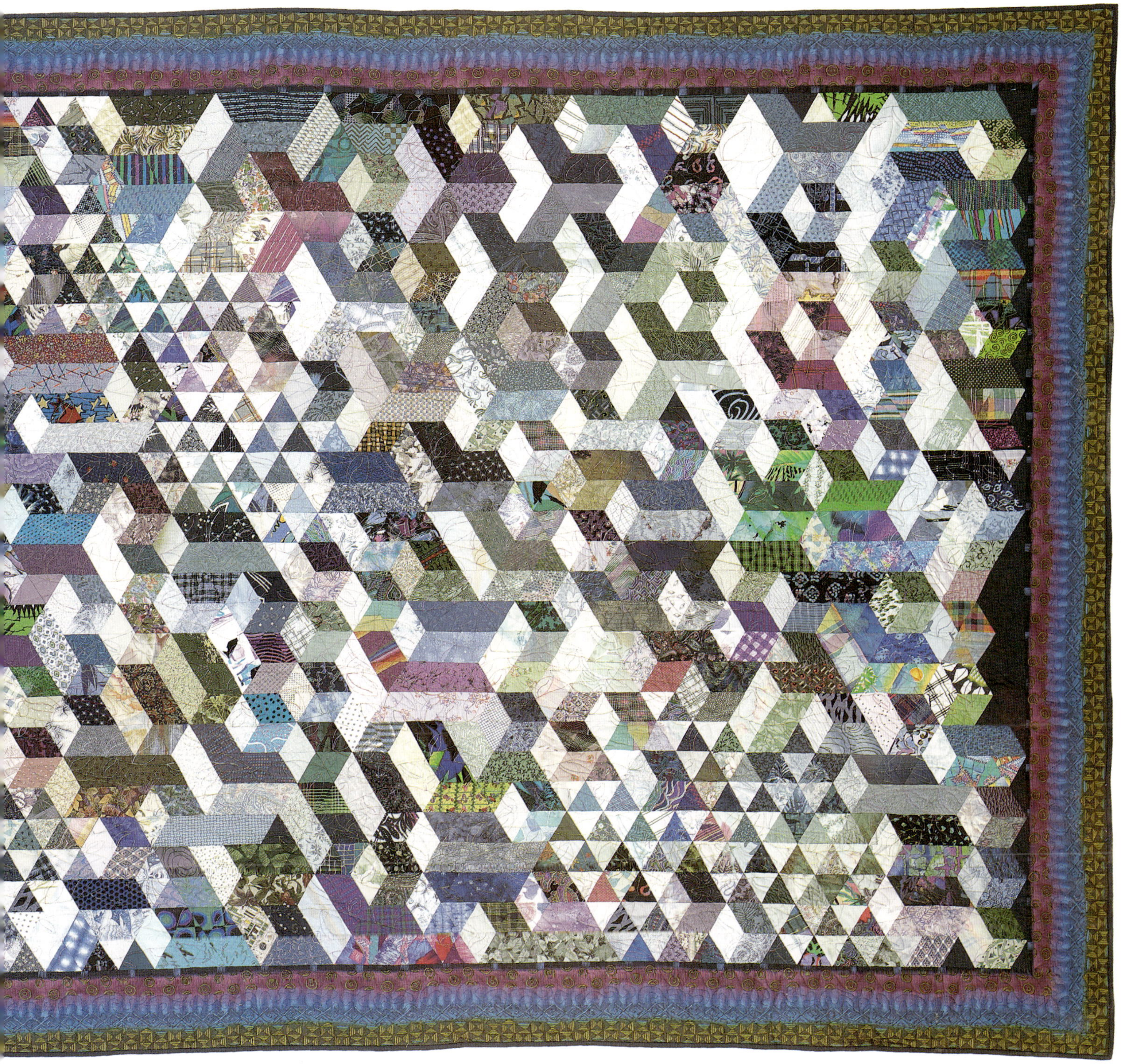

GRÖSSE: 173 X 223 CM

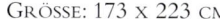

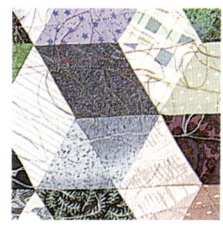

Farbwerte

Die Stoffe wurden geschickt nach Farbwerten sortiert. Eine Entwurfswand ermöglichte es Jane Miller, immer wieder zurückzutreten und den Entstehungsprozess zu überwachen.

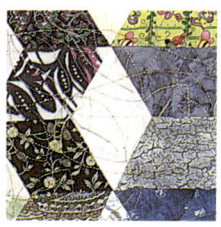

Quilting

Das Quiltmuster stellt Ranken und andere Motive dar. Es wurde hauptsächlich frei auf der Maschine gequiltet.

„BRUCH", GEFALTET 9

„Ich habe Innenarchitektur studiert und begann 1980 mit dem Patchen und Quilten. Ich habe mit traditionellen Mustern zu arbeiten begonnen, aber sehr bald eigene entworfen. Ich arbeite sehr gerne mit Papier und halte es für sehr wichtig, ein Muster zuerst spielerisch zu verändern, um sein ganzes Potenzial auszuloten. Ich habe mit einem einfachen Block begonnen, der wie gefaltetes Papier aussah, und daraus ist eine Serie von mehr als zehn Quilts entstanden. Meist verwende ich kommerzielle Unistoffe. Ich gebe auch Patchwork- und Quiltkurse. Meine Arbeiten wurden in Deutschland und weltweit ausgestellt und vielfach veröffentlicht. "

FRIEDERIKE KOHLHAUSSEN

Friederike Kohlhaußens Serie von „gefalteten" Quilts wurde in ihrer Entwicklung zunehmend komplexer. Sie faltete zunächst Papierquadrate auf verschiedene Art, um viele unterschiedliche Designs zu kreieren. Nachdem sie einige Quilts auf traditionelle Art zusammengesetzt hatte, wandte sie bei dem Quilt „Bruch" experimentelle Techniken an und integrierte verwebte Stoffstreifen, bedruckte die Quiltoberfläche bzw. applizierte verschiedene Formen. Ein komplexeres Muster überlagert die Struktur eines gewebten Gitters. Die überlagernden dunkelblauen Formen heben sich deutlich ab und führen zu einer besonderen Spannung. In Serien zu arbeiten erlaubt einer Künstlerin, mit Entwurf und Idee zu experimentieren und Inspirationen für die nächsten Projekte zu sammeln.

Gesamtmuster

Das asymmetrische, gewebte Karomuster des Hintergrundes wird von mutigen dunkelblauen Winkeln und aufrechten Quadraten unterbrochen. Die braunen Streifen, die sich über die Oberfläche zu falten scheinen, schaffen einen Eindruck von Plastizität und stellen die optische Verbindung her zwischen Hintergrund und den Formen des Vordergrundes.

Quiltoberfläche bedrucken

Die quadratischen Punkte wurden auf die fertige Quiltoberfläche gedruckt, nachdem die Stoffstreifen des Hintergrundes verwoben waren und bevor der Quilt mit Füllung und Rückseite versehen wurde.

Applikation

Die dunkelblauen Quadrate und Winkel wurden mit der Maschine appliziert und verleihen der Komposition eine rhythmische Komplexität.

Stoff verweben

Für den Hintergrund wurden in verschiedene Breiten gerissene Stoffstreifen verwebt und bilden ein Karomuster. Auf einige der Karos wurden zusätzlich Quadrate appliziert.

Entwicklung des Musters

Um Musterideen zu entwickeln, macht Friederike Kohlhaußen Kopien von einem Entwurf, zerschneidet diese auf unterschiedliche Weise und setzt sie neu zusammen. In der Serie „Gefaltet" wirkt ein Teil eines Blockes wie ein gefaltetes Quadrat oder ein Hausdach. Dies führt zu der Illusion von Dreidimensionalität. Sobald sich Friederike Kohlhaußen für einen Entwurf entschieden hat, wird er in einer dafür geeigneten Technik umgesetzt.

GRÖSSE: 100 x 122 CM

„BRUCH", GEFALTET 9 *51*

WIRBEL

„*Ich begann vor 22 Jahren mit Patchwork, weil ich nach einem Medium suchte, für das man nicht viel teures Arbeitsmaterial benötigt. Ich interessierte mich für geometrische Formen und Farben, und da schien mir der Stoff genau das Richtige zu sein. Ich habe nun schon viele Kurse bei den von mir bewunderten Quiltkünstlerinnen besucht und verschiedene Herangehensweisen kennen gelernt. Ich brauche den Druck eines Abgabetermins, z. B. für eine Ausstellung oder einen Wettbewerb, und durch die Vorgabe eines Themas komme ich auf Ideen, die mir sonst nicht eingefallen wären.*"

JANE LLOYD

Jane Lloyd ließ bei diesem Quilt zuerst die Stoffe und Techniken auf sich wirken und ließ auf diese Weise zu, dass sich in ihrem Kopf ganz allmählich eine Idee entwickelte. Als Erstes sortierte sie die Stoffe in Gruppen: dunkel, mittel, hell, leuchtend. Sie setzte Stoffstreifen mit sanft geschwungenen Nähten zusammen. Als genügend dieser genähten Stoffe beisammen waren, schnitt sie keilförmige Stücke zu, ebenfalls mit geschwungenen Kanten. So ergaben sich beim Zusammensetzen unregelmäßig geformte Kreise. Das Ergebnis war ein Quilt, der Freiheit ausstrahlt. Es gibt zwar Wiederholungen im Bild, doch durch die verschlungenen Formen zwischen den fünf Kreisen entsteht auch Chaos. Die Farben verstärken den Effekt.

Gesamtmuster

Fünf große, unregelmäßige Kreise drehen sich und wirbeln durcheinander, wirken kraftvoll und bewegt. Die starken Kontraste der Flächen, die Farben und Helligkeiten und die verschiedenen Streifenbreiten verstärken den Effekt. Das Patchwork legte auch die unregelmäßige Kontur des Quilts fest – es ergab sich eine ganz neue Form.

Einfassung

Der unregelmäßige Umriss spiegelt dieselbe Freiheit wider wie der ganze Quilt.

Stoffe

Die vier Stoffgruppen, die zu Anfang bereit lagen, schlängeln sich über die Quiltoberfläche und verbinden die Kreise.

Streifen

Die Flächen, aus denen dann die spitzen Keile ausgeschnitten wurden, sind aus unregelmäßig breiten Streifen zusammengesetzt. Die Formen erhielten geschwungene Kanten, die während des Zusammennähens passend zurechtgeschnitten wurden.

Die Blöcke

Die Keile wurden nach dem Zufallsprinzip unterschiedlich zugeschnitten und in der Art des Blockhausmusters zusammengenäht. Das Ergebnis waren Blöcke in verschiedenen Größen und Formen. Dann legte die Künstlerin fest, wie die Blöcke zusammengefügt werden sollen. Lücken wurden mit weiteren keilförmigen Stücken gefüllt. Sie sagt dazu: „Ich hatte wirklich Mühe, den Quilt flach zu bekommen. Einmal musste ich eine riesige Falte legen und stark dampfbügeln."

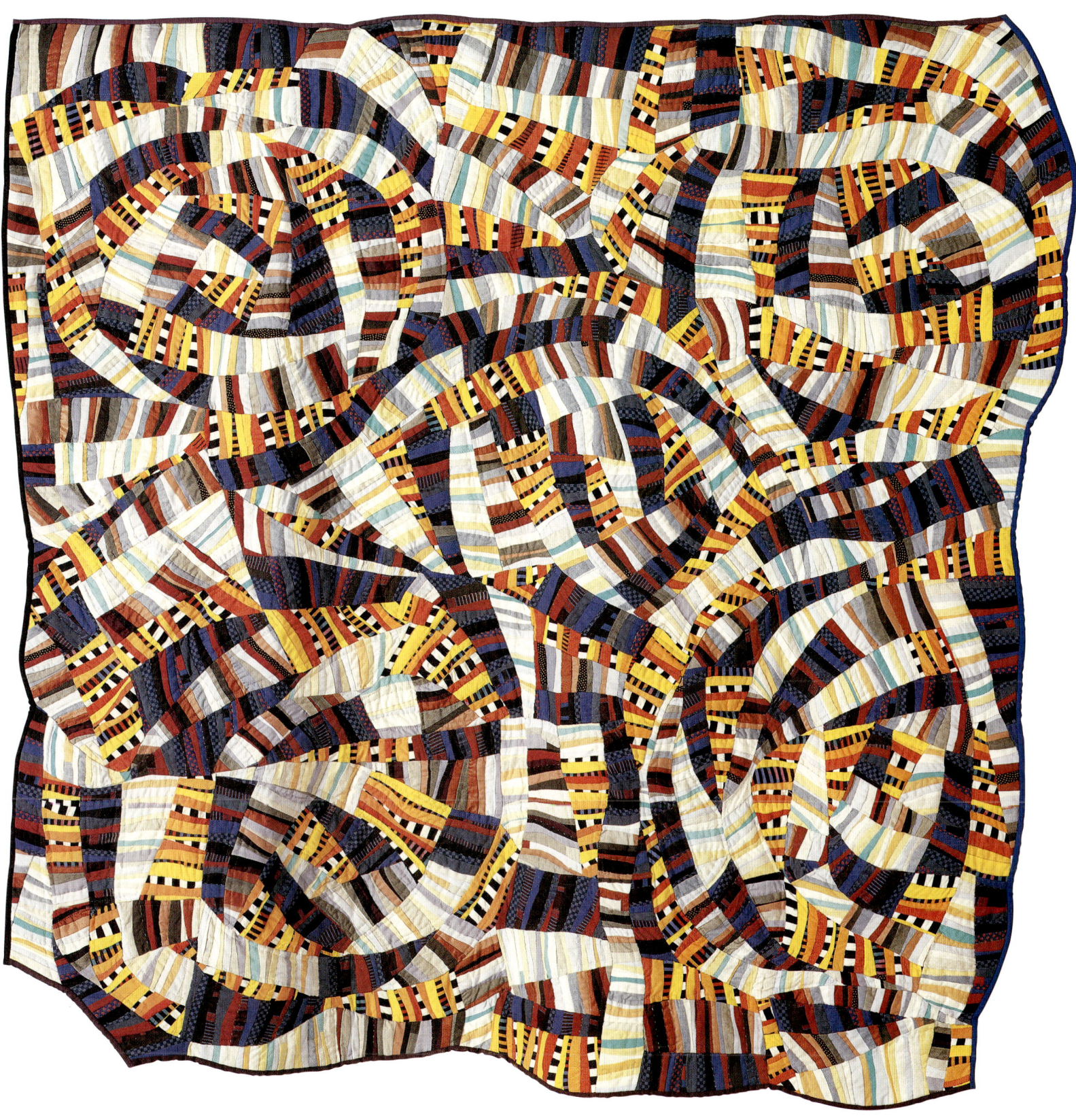

GRÖSSE: 124 x 124 CM

BRISTOL STERNE

Der Marmorfußboden der Bristol Church inspirierte mich zu diesem Quilt. Die Quiltform des Mariner's Compass ist meine Spezialität, und der Boden hat große runde Flächen, die z. T. mit Sternen gefüllt sind. Ich übernahm das Design und fügte zwei konzentrische Kreise aus ‚Fliegenden Gänsen' dazu. Das Hintergrundmuster übertrug ich auf Polarkoordinatenpapier. Anstelle der Originalsterne des Fußbodens nähte ich meine Lieblingssterne. Ich habe zwar die Farbgebung im Voraus ausgearbeitet, doch sie entwickelte sich während des Arbeitens ganz eigenständig.

Judy Mathieson

Das traditionelle Mariner's-Compass-Motiv stellt eine extreme Herausforderung dar und sollte nur von erfahrenen Quilterinnen in Angriff genommen werden. Judy Mathiesons Leidenschaft für das Motiv ließ sie bereits zwei Bücher zu diesem Thema schreiben. Im Quilt „Bristol Sterne" setzte sie sich selbst die Aufgabe, die Windrose zu perfektionieren und dieses traditionelle Design für ein modernes Werk von verblüffender Komplexität zu erweitern. An den Kurvennähten, den schlanken Spitzen und der komplizierten Art und Weise, wie die Teile zusammengesetzt wurden, zeigt sich Judy Mathiesons Meisterschaft der Konstruktion. Deutlich wird auch ihr Geschick bei der Kombination von Farben. Die feinen Farbunterschiede im Quadratgitter des Hintergrundes erinnern an die Spielarten, die man in poliertem Marmor finden kann.

Gesamtmuster

Eine große, komplizierte Windrose ist von zwei konzentrischen Kreisen und Dreiecken umgeben. Dazwischen liegen kleinere Sterne über einem Netz von Quadraten, die sich wie Polarkoordinaten ausdehnen. Das Problem, ein kreisförmiges Muster in quadratische Form zu bringen, ist dadurch gelöst, dass der äußere Kreis von Dreiecken in einer Schleife um die vier Windrosen in den Ecken führt, während die Hintergrundquadrate bis an die Außenkanten reichen.

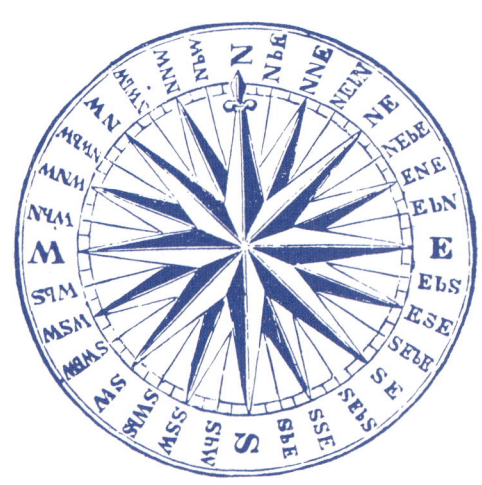

Mariner's Compass

Das alte, traditionelle Quiltmuster ist sicherlich in Anlehnung an die Windrosen auf alten Seekarten entstanden, doch findet man auch in anderen Kulturen den Kreis mit strahlenden Spitzen. Das Muster war im Amerika des 19. Jahrhunderts besonders an der Ostküste populär.

In diesem eindrucksvollen Quilt wirken Design und Farbe zusammen und bieten Vielfalt und Spannung an jeder Stelle. Die Symmetrie wird durch die fantastische Farbgebung gebrochen. Die Ausschnitte zeigen die drei strahlenden Mittelsterne, die Ecken und einige der Stoffe, die für die mittelgroßen Sterne innerhalb des Kreises gewählt wurden.

Das große Motiv im Zentrum besteht aus konzentrischen Sternen, die nach außen hin immer komplexer werden. Durch die abgestuften Farben wirkt der Stern, als würde er sich drehen.

In dem mittleren Stern wirken die Strahlen wie übereinander gelegt und durchlaufen das Farbspektrum von Rot über Blau bis Grün.

Ausschnitt 2: Windrosen der Ecken

Indem sich der äußere Kreis um die Ecksterne schlingt, werden diese in das große Motiv mit eingebunden. Die „Fliegenden Gänse" fließen sanft aus dem großen Kreis heraus, um die Ecksterne herum und weiter, zurück zum großen Kreis.

Ausschnitt 3: Stoffe

Die Farben der Stoffe wurden gekonnt abgestuft und passen an jeder Stelle des Quilts zueinander.

Für diese perfekte Symmetrie muss exakt gemessen und präzise genäht werden. Nur so passen alle Elemente des Quilts zusammen.

Die kreisförmigen Streifen mit „Fliegenden Gänsen" grenzen das Mittelmotiv ab und vereinigen die Sterne rundum, auch die in den Ecken.

Hintergrundgltter

Obwohl es eigentlich ein Netz von Quadraten ist, musste für jede Runde eine andere Schablone eingesetzt werden. Manchmal waren es Schablonen aus Freezerpapier. Jedes Teil ist anders, und die weichen Farbabstufungen erwecken zusätzliches Interesse.

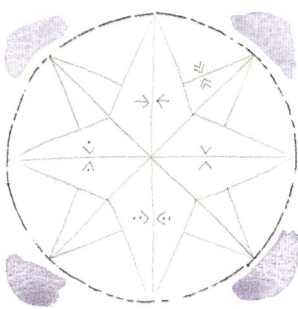

1 • Zeichnen Sie die einzelnen Abschnitte des Quilts in Originalgröße auf Freezerpapier (ein einseitig gewachstes Einwickelpapier). Vermerken Sie Farben und Markierungen mit Bleistift, damit Sie es beim Zusammennähen leichter haben.

2 • Schneiden Sie die Formen entlang den Linien aus und bügeln Sie das Papier auf die rechte Seite der Stoffe. Schneiden Sie die Stoffe mit 0,75 cm Nahtzugabe um jede Form aus.

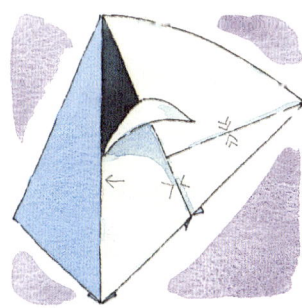

3 • Legen Sie die Stoffe rechts auf rechts; die zu nähenden Kanten liegen genau aufeinander. Nähen Sie entlang den Papierkanten, bügeln Sie die Nähte und entfernen Sie das Papier.

KALEIDOSKOP XVI: MEHR IST MEHR

„In meinen Quilts kombiniere ich die Symmetrie und die überraschenden Elemente eines Kaleidoskops mit den Techniken und Materialien des Patchwork. In Kaleidoskopquilts spielt sowohl das Zufallsmoment eine wichtige Rolle als auch die exakte Planung. Kontrolliert und spontan zugleich entsteht etwas Leuchtendes, Unerwartetes. Ich befreie mich von der konventionellen Erwartung an Stoff, suche den Zufall und die Folge zufälliger Verbindungen und finde mich wieder in den endlosen Möglichkeiten, die man mit dem Begriff Kaleidoskop verbindet."

PAULA NADELSTERN

Gesamtmuster

Vier zwölfteilige, seitlich versetzte Mandalas sind von 29 kleineren umgeben und schweben auf einem Hintergrund von satten Farben, wobei der gebrannte Ocker dominiert. Jedes Mandala zeigt ein verblüffendes Kaleidoskopmuster. Ein magischer Augenblick wird eingefangen in einem textilen Kunstwerk.

Stoffauswahl

Paula Nadelstern wählte viele Stoffe mit Jugendstilmustern. Alle Motive weisen eine zweiseitige Symmetrie auf. Die Stellen, die mit leuchtenden Seidenstoffen gearbeitet sind, treten besonders stark hervor.

Die komplizierten Bilder eines Kaleidoskops in einen Quilt umzusetzen, verlangt viel Geschick und Vorstellungskraft. Paula Nadelstern hat moderne Kaleidoskope betrachtet und sagt, sie sei vollkommen gefangen von ihrer Magie. Hier sehen wir Licht und Farbe, Form und Bewegung des Kaleidoskops in Stoff gearbeitet. Paula Nadelstern erreicht die komplizierten Details und die darin enthaltene Symmetrie, indem sie in tortenstückförmigen Abschnitten arbeitet, die immer das gleiche Stoffmuster aufweisen. Die Komplexität dieses Quilts beruht auf den Stoffen. Stecknadelkopfgroße Lichtpunkte werden durch leuchtende Seidenstückchen auf dunklem Untergrund simuliert. Die Künstlerin hat hier eine besonders aufregende Explosion von Farbe geschaffen.

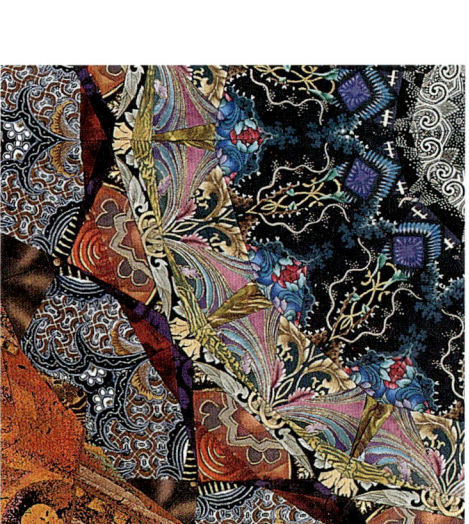

Kaleidoskopmuster

Die vier größeren Mandalas in der Mitte wirken durch ihren „Schatten", der die Symmetrie verschiebt, noch komplexer. Dies ist der 16. Quilt in einer Serie, in der Paula Nadelstern die endlosen Möglichkeiten erforscht, die mit dieser Kaleidoskoptechnik umgesetzt werden können.

Arbeitsmethode

Paula Nadelstern entwirft direkt in Stoff. Die Nähte und Schablonen folgen den Stoffmustern, nicht umgekehrt. Ein originalgroßes, auf Karopapier gezeichnetes Dreieck dient als Vorlage für jedes Kaleidoskop.

Effekte

Obwohl viele der Muster geplant werden, sagt die Künstlerin: „Es ergeben sich oft Effekte, die schöner sind, als ich es mir vorstellen konnte." Durch die Verwendung farbharmonischer Stoffe werden die Kreise besonders vorteilhaft zur Geltung gebracht.

GRÖSSE: 163 X 163 CM

GLASKARAFFEN

„Bevor ich Quilterin wurde, war ich Malerin. Ich lernte das Quilten bei Michael James, und er ermutigte mich, meine eigene Kunst zu entwerfen. Ich nähte zuerst traditionelle Quilts und durchlief einige Stilwechsel. Das Mandala, kreisförmiges Symbol des Universums in der östlichen Kunst und Religion, war meine erste Inspirationsquelle. Danach schuf ich geometrische, stark dreidimensionale Quilts mit isometrischen Perspektiven. Ich erreichte den dreidimensionalen Effekt durch die Anwendung sorgfältig abgestufter Farbtöne von Dunkel nach Hell. Zurzeit beschäftige ich mich mit Landschaften und Stillleben, und ich glaube, dass sich der Kreis zu meinen Anfängen als Malerin wieder geschlossen hat."

KATIE PASQUINI MASOPUST

Seit sie Quilterin ist, hat sich Katie Pasquini einen Ruf als Erfinderin neuer Techniken erworben, in denen sie ihren unverwechselbaren Stil zeigt. In den „Glaskaraffen", einem Stillleben in Stoff, werden ihre Ursprünge als Malerin deutlich. Zwei Kreisformen überlagern das Bild, die Formen darin sind Reflexionen, die von den Gläsern ausgehen und die optische Illusion und Leuchtkraft verstärken. Die Kraft der Komposition liegt in dem dramatischen Übergang von den beleuchteten Gegenständen im Vordergrund zu den dunklen Farben des Hintergrundes. Der geschickte Umgang mit den Perspektiven verleiht dem Werk eine Solidität, in der Licht, Farbe und Raum miteinander verschmelzen.

Gesamtmuster

Vier gläserne Karaffen stehen vor einem drapierten Stoff. Einzelheiten, wie z.B. die geschliffenen Glastropfen, sind naturalistisch dargestellt, doch wird dieser Realismus von abstrakten Formen überlagert. Mit gekonnter Maschinenapplikation und Maschinenquilting wurde dieses textile Kunstwerk geschaffen.

Stoffe

Vielerlei Oberflächen und Muster zeichnen die Stoffe aus. Schmale Streifen, Punkte und Unistoffe wurden effektiv eingesetzt.

Inspiration

Die Malerin Katie Pasquini baute das Stillleben wie ein Gemälde auf. Die exakte Umsetzung in einen Quilt ist beeindruckend.

Bildhafte Details

Um die Gläser naturalistisch darzustellen, wurden kleine Stoffstücke in der Art einer freien Collage benutzt.

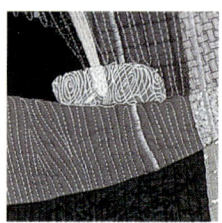

Kreisförmige Überlagerung

In den überlagernden Kreisen sind Licht und Schatten kunstvoll eingesetzt. Die darin enthaltenen Formen wiederholen die Reflexe der Gläser.

GRÖSSE: 99 x 145 CM

Sieben Quilts

„Ausgangspunkt war der Gedanke an mehrere, über ein Bett geworfene Quilts. Für die Arbeit wollte ich groß- und klein gemusterte Stoffe benutzen sowie eine Mischung von geometrischen, floralen, traditionellen und modernen Mustern. Ich setzte sie so zusammen, dass sie wie verschiedene Quilts aussahen und trotzdem eine harmonische Oberfläche bildeten. Der Quilt wurde für eine Ausstellung mit dem Titel ‚Inspirationsschichten‘ genäht. Der Quilt spricht für sich selbst.“

SHEILA YALE

Gesamtmuster

Dies ist eine ausgeklügelte Komposition, die zu einer Täuschung des Betrachters führt, ähnlich wie bei einem Trompe-l'œil-Gemälde. Schwarz und Weiß oder andere stark kontrastreiche Stoffe wurden genutzt, um die Flächen der verschiedenen „Quilts" voneinander zu trennen und die Individualität der einzelnen „Quilts" zu unterstreichen.

Die Auslegung eines Wettbewerbsthemas wird immer die kreative Vorstellungskraft herausfordern. Hier gelang es Sheila Yale auf bewundernswerte Weise, diese Herausforderung anzunehmen. Die außergewöhnlichen Stoffe sind ein prächtiger Anblick. Es finden sich viele Patchworkmuster, die nebeneinander in einem Quilt zu einer lebendigen Komposition voller Temperament werden. Sheila Yale ist gelernte Textildesignerin und nutzt das Potenzial, das in kommerziellen Stoffen steckt, für ihre pulsierenden Quilts. Sie begann schon als Studentin, Patchwork zu nähen, denn so konnte sie all die wunderbaren Stoffreste sammeln und in einer neuen Form bewahren. Dies ist noch immer ihr Hauptanliegen – und bei diesem Quilt ist es ihr hervorragend geglückt.

Patchworkmuster

„Fliegende Gänse", Neunerblock, Streifen und Dreiecke sind einige der traditionellen Muster, die in diesem Quilt eingesetzt wurden.

Illusion

Um die Illusion der übereinander gelegten Quilts fortzusetzen, ließ Sheila Yale die Ränder des zweiten „Quilts" über die des ersten lappen.

Quilting

Die Arbeit wurde mit der Hand gequiltet. Sheila Yale verwendete farbiges Garn als wirkungsvolle Ergänzung zu den gemusterten Stoffen.

Randbordüren

Jeder „Quilt" weist unterschiedlich große Einzelelemente und verschiedene Muster auf und wird von seinem Nachbarn durch eine stark kontrastreiche Randbordüre getrennt.

Stoffauswahl

Ein Markenzeichen von Sheila Yale ist ihre Fähigkeit, ungewöhnliche Stoffe so zu kombinieren, dass sich ein Werk in einem für sie ganz typischen, unverkennbaren Stil ergibt.

GRÖSSE: 241 x 267 CM

BILDHAFT UND ERZÄHLEND

SEIT DER QUILT MEHR SEIN DARF ALS EIN NÜTZ-
LICHER GEGENSTAND, IST DAS PATCHWORK EIN
BELIEBTES MEDIUM GEWORDEN, DAS ES DEN
KÜNSTLERINNEN ERLAUBT, IHRE IDEEN ODER
ÜBERZEUGUNGEN AUSZUDRÜCKEN. MIT STOFF
UND FADEN, TRADITIONELLEN UND MODERNEN
TECHNIKEN VERSUCHEN SIE, SICH MITZUTEILEN.
DIE QUILTS IN DIESEM KAPITEL SIND MEHR ALS
SCHÖNE UND KOMPLIZIERTE KUNSTWERKE, DENN
JEDER ERZÄHLT EINE GESCHICHTE ODER ÜBER-
MITTELT EINE WICHTIGE BOTSCHAFT.

Tee zur Forelle = Forelle zum Tee

„Dieser Quilt ist der 70. in der Serie ‚Menagerie'. Diese Serie konzentriert sich auf gefährdete Tierarten und die Notwendigkeit, Natur und Umwelt zu schützen. Meine Quilts sind meine Rednerbühne, auf der ich meine Ansichten ausdrücke. Für mich ist das Quilten wie eine Reise. Jeder Schritt führt mich näher ans Ziel. Das Ziel ist der Weg oder, mit anderen Worten, indem ich den Quilt nähe, kommt mir die wahre, künstlerische Erkenntnis. "

Marta Amundson

In diesem Quilt sind mehrere Färbetechniken kombiniert. Der schwarze Baumwollstoff wurde mit Entfärber behandelt, der mit dem Ende einer Spule aufgedruckt wurde. Handgefärbte und besprühte Leinwand kam hinzu. Die Fischformen sind auf den Hintergrund aufgebügelt. Die vierte Lage ist ein feiner Nylontüll, der die offenen Kanten der Leinwand vor dem Ausfransen bewahrt. Marta Amundsons Idee entwickelte sich in dem Moment, als ihr klar wurde, dass die ausgeschnittenen Negativformen genauso interessant sind wie die Fische selbst. Indem sie die einzelnen Elemente auf der Fläche wiederholte und die Negativformen betonte, wurden sowohl figürliche als auch abstrakte Dinge zu Überbringern der Botschaft, dass kein Fisch mehr übrig bleiben wird, wenn wir den Tieren weiterhin Wasser und Lebensraum entziehen.

Gesamtmuster

Zufällig angeordnete Fischsilhouetten treiben im Mittelteil des Quilts. Der Hintergrund hat eine interessante Oberfläche und eine Struktur, die durch Bedrucken, Färben und Quilten entstanden ist. Eine scharfe, unregelmäßige, schwarz-weiße Sägezahnbordüre trennt den inneren Bereich vom äußeren Rand, wird aber an mehreren Stellen von den Fischen durchbrochen, wodurch der mittlere Bereich mit dem äußeren verbunden wird. Die Kombination verschiedener Techniken zeigt eine bewundernswerte Beherrschung der modernen Textilkunst.

Farbstudie

Marta Amundson reduzierte ihre Farbpalette auf dunkle Töne, die von einigen Orange- und Grüntönen aufgehellt werden, aber nur im mittleren Bereich zu finden sind. Der einzige helle Stoff wurde für die Sägezahnbordüre benutzt.

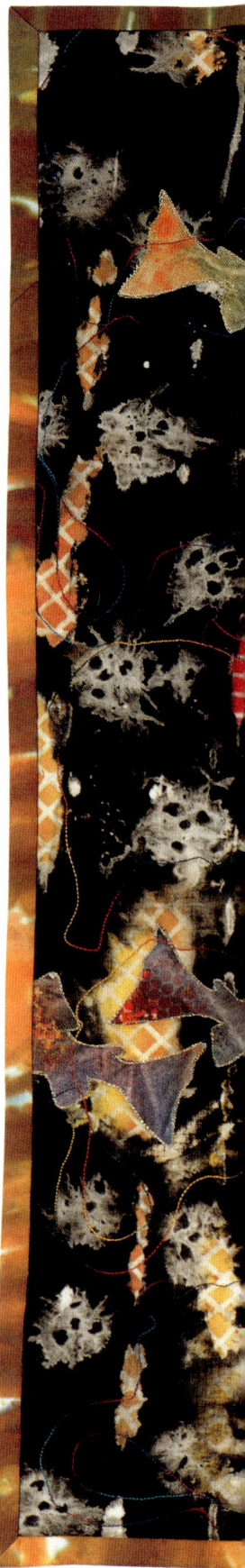

Ausschnitt 1: Quilting

Die sich wiederholenden Formen der Forellen und Teekannen wurden gequiltet; dekorative Stiche mit Metallicgarn rahmen die Fische ein.

Freies Sticken über die Unterfadenspule, die Verwendung einer schützenden Lage Tüll und die Einbeziehung einer kontrastreichen Sägezahnbordüre sind nur drei der verschiedenen Techniken, die bei diesem Quilt angewendet wurden.

Wenn man dickes Stickgarn für das Maschinenquilten benutzt, so muss das Garn auf die Unterfadenspule gewickelt werden, und das Quiltmuster sollte von der Quiltrückseite her gearbeitet werden. Um die richtigen Linien zu finden, wurde eine Schablone aus Freezerpapier auf die Rückseite gebügelt; so konnte auf der Rückseite genäht werden, und das dicke Garn kam auf der Vorderseite effektvoll zur Geltung.

Ausschnitt 2: Tüll und Farbe

Die oberste Lage des Quilts, ein feiner Nylontüll, hält die einzelnen Elemente zusammen. Obwohl kaum wahrnehmbar, erfüllt er doch die Aufgabe, die Quiltoberseite zu schützen.

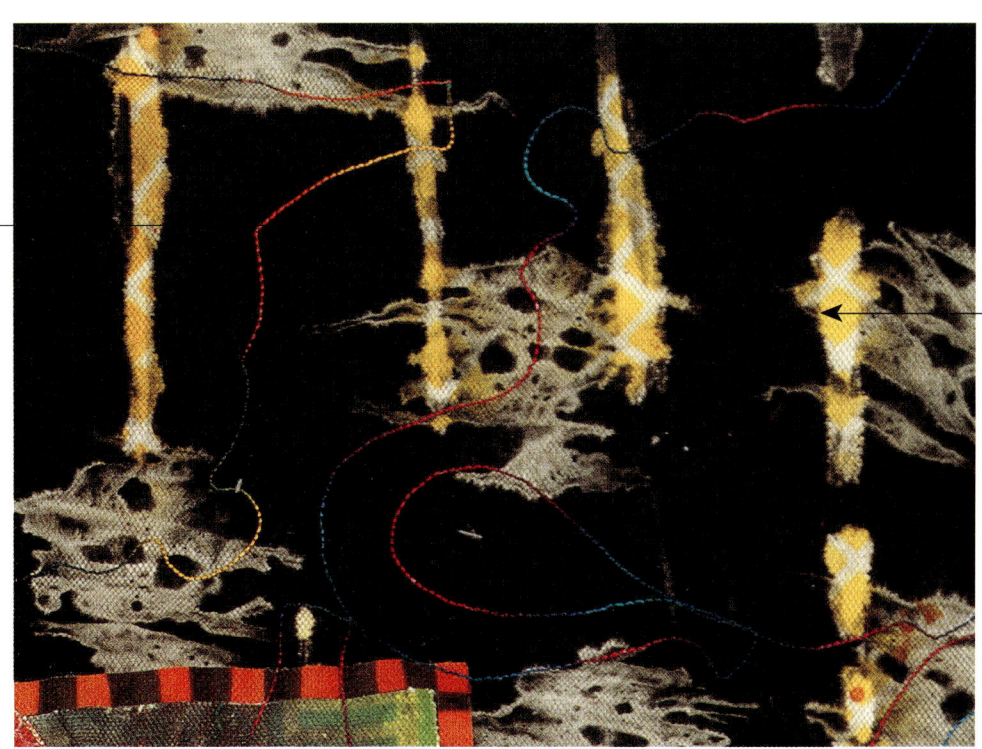

Marta Amundson fügte dem Hintergrund noch mehr Farbe bei, indem sie Acryl-Airbrushfarbe durch ein Metallgitter sprühte.

Ausschnitt 3: Sägezahnbordüre

Ein schmaler, rot-weißer Streifen hebt die schwarz-weißen Dreiecke hervor.

Die innere Fläche des Quilts wird durch Streifen aus unregelmäßigen schwarz-weißen Sägezahndreiecken abgeteilt. Diese Bordüre bildet ein wirkungsvolles Gegengewicht zu den organischen Fischformen.

STOFFDRUCKTECHNIKEN

Fundstücke wie Korken, Holzknöpfe, Blätter, Fadenspulen und Karton können zum Stoffdrucken verwendet werden. Aus halben Kartoffeln oder einem Radiergummi können einfache Stempel geschnitzt werden, mit denen dann serienweise gedruckt werden kann.

1 • Bereiten Sie die Stofffarben vor, indem Sie sie mit Natrium-Alginat andicken. Um Farbe zu entfernen, verwenden Sie eine Entfärberlösung. Rühren Sie die Farbe oder den Entfärber in einem flachen Gefäß an, tauchen Sie einen geknäulten Lappen oder einen Schwamm ein und drücken Sie diesen gleichmäßig auf die Stoffoberfläche.

2 • Bei der Auswahl eines Gegenstandes zum Stempeln, achten Sie auf eine glatte und ebenmäßige Druckfläche. Tragen Sie die Farbe mit einem Pinsel oder einer Rolle auf, oder machen Sie sich aus einer saugstarken Oberfläche, z.B. mehreren Lagen Filz, eine Art Stempelkissen. Bedecken Sie den Stempel gleichmäßig mit Farbe und setzen Sie ihn mit gleichmäßigem Druck auf den Stoff. Testen Sie die Muster zuerst auf Papier.

3 • Sprühen Sie Farbe durch eine Schablone, über gerissenen Karton, Blätter, Drahtgitter oder geringelte Schnur. Spritzmuster erhalten Sie, wenn Sie eine alte Zahnbürste in Farbe tauchen und dicht über dem Stoff über die Borsten reiben.

MUTTERS BROT

*„Seit nunmehr 18 Jahren backe ich mein Brot. Es
ist fast unser Hauptnahrungsmittel, hat einen ho-
hen Proteingehalt, und ich habe meine Kinder damit großgezogen. Mein Mann liebt es ganz besonders und meinte, wenn mir etwas zustoßen würde,
wüsste er nicht, wie das Brot zu backen sei. Also
fotografierte ich den Backprozess in allen Stadien,
arbeitete die Bilder in einen Quilt ein und platzierte
das Rezept auf der Rückseite. Nun besitzt er eine
Niederschrift des Brotrezepts, die von Dauer ist.“*

SANDY BONSIB

D ie Fotofolge des Arbeitsprozesses wurde mit einer speziellen Transfertechnik
auf Stoff übertragen. Danach wurde jede Abbildung mit angenähten Streifen zu einem
Block vergrößert. Die Buchstaben wurden
mit Stofffarbe und Gummistempeln gedruckt.
Bauernkaros bilden die umgebenden Blöcke
aus Quadraten und Dreiecken. Durch ein über-
geordnetes Muster von auf die Spitze gestellten Quadratformen wird der Quilt noch
komplexer. Nachdem ihr Buch „Quilting
your Memories" erschienen war, für das
viele Autorinnen Quilts beigesteuert hatten,
in denen besonders wichtige Ereignisse ihres
Lebens verewigt waren, entschloss sich Sandy
Bonsib zu diesem Quilt, der ein Stück Alltag
widerspiegelt – eine Würdigung des Einfachen, das unbemerkt vorbeigeht. So ist
dieser Quilt auch ein Symbol für Heim und
Familie.

Gesamtmuster

Eine Serie von neun Blöcken in Fototransfer-
technik und einfache Worte beschreiben Sandy
Bonsibs selbst gebackenes Brot. Die Blöcke
bestehen aus Quadraten und Dreiecken und
umrahmen die Fotos. Becky Kraus quiltete das
Werk mit der Maschine.

Stoffauswahl

Bauernkaros und
Streifenstoffe ver-
weisen auf Selbstge-
machtes und stellen
die gedankliche Ver-
bindung zu den Patch-
workerinnen ver-
gangener Zeiten her.

Rezept

Das Brotrezept auf
der Rückseite macht
die Doppelfunktion
des Quilts deutlich:
Er sorgt für Wärme
und Nahrung.

Fototransfer auf Stoff

Fotos können mit Hilfe eines speziellen Transfer-
papiers auf Stoff übertragen werden. Machen Sie
zuerst eine Farbkopie des Bildes und spiegeln Sie
es mit Hilfe von Transferpapier, sodass die Abbildung wieder richtig herum auf den Stoff kommt.
Legen Sie das Transferpapier in den Papier-
schacht des Kopierers, und kopieren Sie das Bild
darauf. Legen Sie nun das Transferpapier rechts
auf rechts auf ein dicht gewebtes Stück Stoff,
und bügeln Sie die Abbildung auf den Stoff.

BITTERSÜSS II

„,Bittersüß II' stammt aus einer Serie von Quilts mit Herbstbäumen. Meine Baumbilder beinhalten viel Abstraktes wie applizierte, gerissene Stoffstücke. Ich arbeite mit konventionellen Nähtechniken, z. B. mit Nähten ohne offene Kanten. Diese Baumlandschaft unterscheidet sich von meinen früheren Arbeiten durch ihre ätherische Stimmung, die durch das Bemalen von Organzastoff entstand. Für mich spiegelt dieser Quilt zwei Dinge wider – das innere und das äußere Selbst – und daraus folgend den Dialog zwischen beiden. "

ERIKA CARTER

Naturbilder haben den größten Einfluss auf Erika Carters Quilts, besonders Bilder, die den Wald und die heilende Kraft der Natur zeigen. Erika Carter hat verschiedene Quiltstile durchlaufen. Hier verzichtet sie auf das Zusammensetzen mit offenen Nähten und arbeitet mit einem handbemalten Hintergrund, einer Kombination aus Baumwollstoff und Organza, auf welchen schwebende Formen direkt von Hand appliziert sind. Die „glühenden" Stoffe des Hintergrundes, in breiten Längsbahnen aneinander genäht, bilden die Leinwand für ihre handgemalten Bäume. Halb abstraktes Blattwerk schwebt über die Oberfläche und bringt Bewegung. Es entsteht der Eindruck von Traurigkeit über die letzten goldenen Sonnenstrahlen, die manche Herbsttage bestimmt.

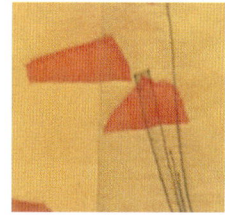

Gesamtmuster

Eine Komposition gemalter Bäume steht vor einem Hintergrund aus breiten, vertikalen Streifen. Subtile Farbübergänge entstanden durch die Bemalung von Hand, doch treten die Nähte deutlich hervor und stehen in Kontrast zu den frei gezeichneten Bäumen. Ihre Silhouetten heben sich starr von dem glühenden Hintergrund ab.

Schwebende Blätter

Die schwebenden, orangefarbenen Formen erinnern an Blätter; sie sind in ihrer Art eher abstrakt als naturalistisch.

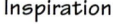

Inspiration

In „Bittersüß II" spiegeln sich die prächtigen Herbstfarben der Laubwälder Neuenglands wider.

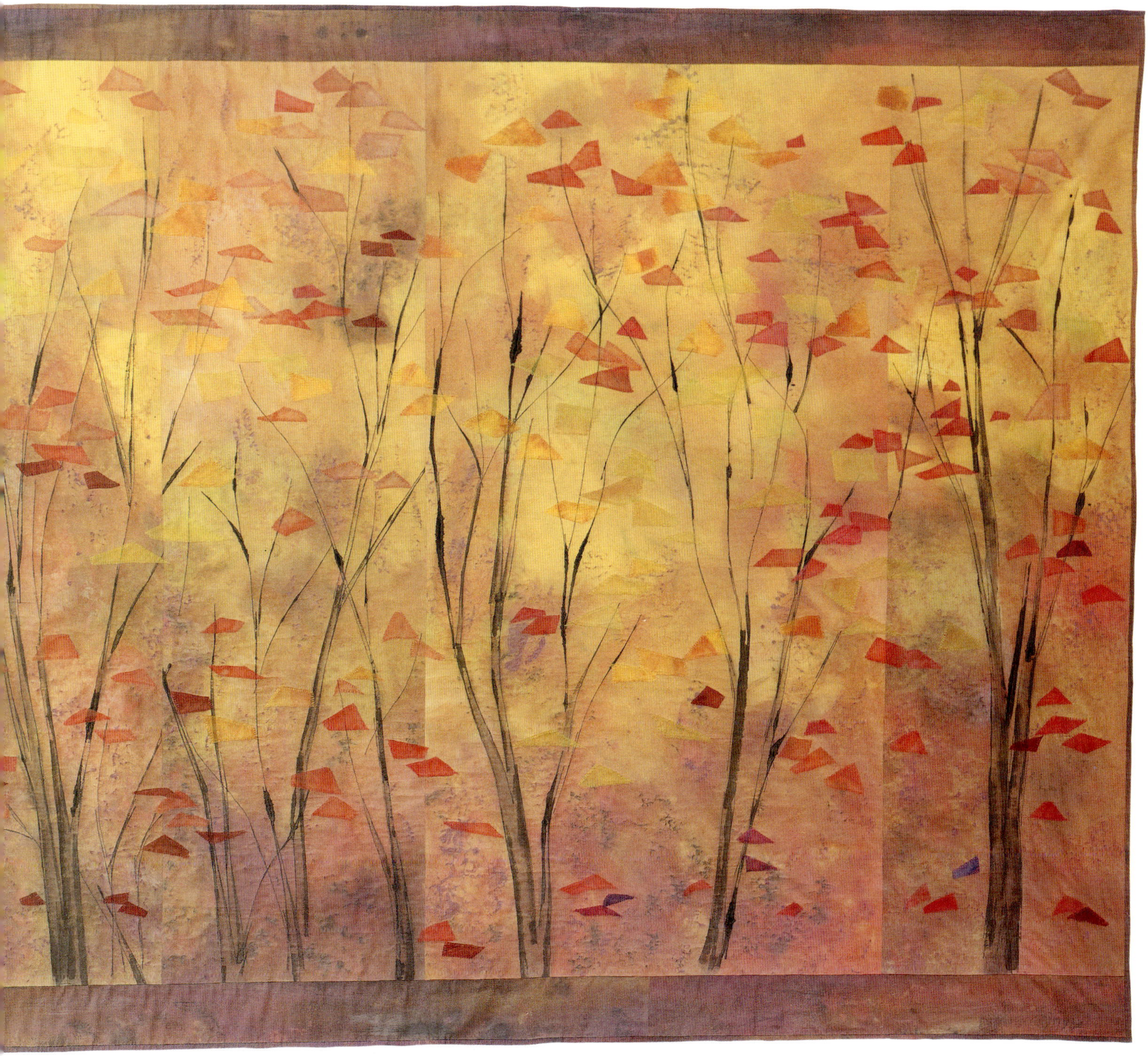

GRÖSSE: 175 X 129 CM

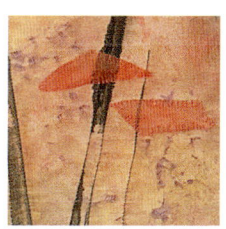

Bäume

In den freihand gezeichneten Bäumen wird die künstlerische Sicherheit offensichtlich. Erika Carter benutzt die Bäume als Metapher für Kraft.

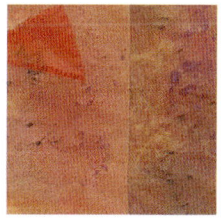

Hintergrund nähen

Die Nähte des zusammengesetzten Hintergrundes sind ein gestalterisches Moment, das die Vertikale der Bäume noch verstärkt.

VOGELSTUDIE NR. 4

„Jeder Vogel könnte sein Nest besser bauen als ich – es ist lediglich mein Ausdruck der Bewunderung für die Wege der Natur. Ich lasse mich von einem Stück Stoff leiten, wo immer es mir begegnet, und werde durch das Fühlen und durch die Stimmung des Stoffes angeregt. Es geht mir nicht darum, eine Szene fotorealistisch darzustellen: Ich greife nur auf naturalistische Formen zurück, wenn sie mich besonders reizen, und benutze symbolische Stoffe, um die Gesamtheit der Formen und Strukturen darzustellen. Meine einfachen Formen sollen lebendig atmen und auch Sie tief Atem holen und sagen lassen: ‚Oh ja, es IST schön hier draußen!‘"

JOAN COLVIN

Joan Colvin begann ihre künstlerische Laufbahn mit Malen und Zeichnen. Als sie 1988 das Quilten für sich entdeckte, konnte sie endlich ihre lebenslange Liebe für Stoffe mit ihren Fähigkeiten als Künstlerin verbinden. Für ihre Vogelstudien verwendet sie verschiedene Materialien und kombiniert die collageartige Maschinenapplikation – mit harten und weichen Kanten – und das Maschinenquilting miteinander. Sie verändert die Oberfläche beliebig mit Stoffmalstiften, Stofffarbe, Fäden, Perlen und anderem. Sie benutzt jede Technik, solange sie ihr dabei hilft, ihre spezielle Vorstellung zu verwirklichen. Ihr Ziel ist: „das Fließende – entspannter Realismus, der die verschlungenen Wege der Natur widerspiegelt, die Formen, die im Laufe der Zeit verwittert sind". Joan Colvin ist international bekannt für ihre gedämpften Farben und ihre Naturbilder.

Gesamtmuster

Ein Vogel sitzt auf dem Rand seines Nests, das in Schwindel erregender Position über einer naturalistisch gebrochenen Felsspalte hängt. Das komplette Nest mit Eiern entstand in einer Collagetechnik aus verschiedenen Stoffen, auch Bändern, Bast und Seidenstreifen.

Der Vogel

Der Umriss des Vogels verschmilzt mit dem dunkleren Hintergrund, und der Betrachter muss gezielt danach suchen. Joan Colvin sagt über Vögel: „Ich bemühe mich um Authentizität. Manchmal taucht ein unbekannter Vogel auf und lässt mich nicht mehr los."

Felsoberfläche

Um die Felsoberfläche darzustellen, wurden monochrome, grau schattierte Stoffe in Falten gelegt und gebügelt; so erhielt die Künstlerin die zerfurchte Oberfläche. Die Illusion wurde zusätzlich durch den Einsatz von Stofffarben verstärkt.

Das Nest

Das Nest hebt sich farblich von den Felsen ab. Durch eine Mischtechnik werden die verschiedenen Strukturen und Halme dargestellt.

STOFFCOLLAGE FÜR DAS NEST

1 • Sammeln Sie verschiedene Fasern, auch Bast, Bänder, geschnittene und gerissene Stoffstreifen und Schnur.

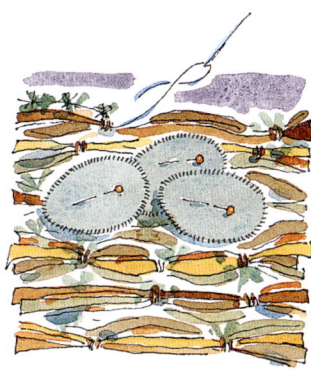

2 • Ordnen Sie die Fasern auf der Quiltoberfläche horizontal an und befestigen Sie sie von der Rückseite her mit kleinen Stichen. Applizieren Sie die Eier mit der Nähmaschine direkt auf die Fasern.

3 • Versteifen Sie die Fasern mit Sprühstärke und verdrehen und verweben Sie sie miteinander. Fixieren Sie die Fasern mit Stichen und Knoten. Schieben Sie kleine Zweige und Strohhalme dazwischen. Halten Sie das Ganze mit zusätzlicher Sprühstärke in Form.

GRÖSSE: 102 x 127 CM

REGENERATION AM MOUNT ST. HELENS

„Seit seinem Ausbruch am 18. Mai 1980 habe ich mich für den Mount St. Helens interessiert, und 1992 ergriff ich die Gelegenheit, ihn zu besuchen. Schon die Fahrt duch die weiten Wälder, in denen große, verwüstete Flächen sichtbar waren, war beeindruckend, und auf dem Rand des Kraters zu stehen war mehr Ehrfurcht gebietend als schön. Ich wollte einen Quilt anfertigen, der sowohl ein Gefühl für die Zerstörung der Landschaft als auch für die allmähliche Regeneration vermitteln sollte. Die Frage, wie ich das bewerkstelligen sollte, beschäftigte mich drei Jahre lang."

JENNI DOBSON

Jenni Dobsons Intention war es, einen ausdrucksstarken Quilt zu gestalten, der im Betrachter ähnliche Gefühle hervorrufen sollte, wie sie sie empfunden hatte über die Zerstörung der schönen Landschaft und die Kraft der Natur, sich zu regenerieren und zu erholen. Jenni Dobson verwendete mehrere Techniken. Sie arbeitete direkt in Stoff, ohne vorherige Entwürfe oder Skizzen. Dieses Verfahren schien ihr zwar riskant, war jedoch erfolgreich, und die Arbeit schritt überraschend schnell voran. Zwar war es äußerst schwierig, traditionelle und moderne Techniken zu kombinieren, aber schließlich ist es ihr doch in bewundernswerter Weise gelungen, die Geschichte des Mount St. Helens zu vermitteln.

Gesamtmuster

Jenni Dobson setzte den Hintergrund wie einen großen Delectable-Mountains-Block zusammen und schuf damit eine traditionelle Basis. Der geborstene Berggipfel wird durch dreieckige, aus Streifen zusammengesetzte Abschnitte dargestellt. Unvollständige Blockhausblöcke und schiefe Ahornblatt-Blöcke stellen die zerstörten Häuser und Wälder dar.

Inspiration

Jenni Dobsons Quilt zeigt die Geschichte einer Zerstörung – hervorgerufen durch den Ausbruch des Mount St. Helens – und einer allmählichen Erneuerung.

Schiefe Blöcke

Die Ahornblätter wurden leicht schräg in die Blöcke gestellt und wirken wie vom Wind verweht.

Quilting

Über die Landschaft führen wellenförmige Quiltlinien und erinnern an eine friedlichere Welt, dort, wo sich die Natur bereits regeneriert hat.

GRÖSSE: 122 x 122 CM

Die Aschenwolke wird durch Konfettiapplikation dargestellt: Winzige Stoffstückchen werden auf die Oberfläche gestreut und mit frei geführten Maschinenstichen festgehalten.

Um die Geschichte des Mount St. Helens darzustellen, wurden verschiedene Techniken erfolgreich kombiniert. Die Ausschnitte zeigen, wie Jenni Dobson traditionelle und moderne Techniken einsetzte.

Der modern bearbeitete Delectable-Mountains-Block wurde aus in Streifentechnik gearbeiteten Stücken zusammengesetzt. Manche der Streifenteile haben offene Kanten, um den geborstenen Fels darzustellen. Das Quilting mit kurzen, geraden Linien verstärkt den Eindruck von Zerstörung.

Kleine Bäume, mit der Zackenschere geschnitten und auf gestepptes Bündchenband appliziert, versinnbildlichen die Kraft der Natur.

Ausschnitt 2: Ausbruch und Regeneration

Sichtbare Nahtzugaben (dort, wo in einigen der Blockhausblöcke die Stoffe links auf links zusammengenäht wurden) stehen für die von der Eruption zerstörten Häuser.

Eine Bordüre entlang der unteren Kante des Quilts ist aus Blockhausblöcken und schiefen Ahornblatt-Blöcken zusammengesetzt. Rechts stellen sie die aschebedeckte Landschaft dar, links die Regeneration von Wald und Farmland.

Ausschnitt 3: Stoffauswahl

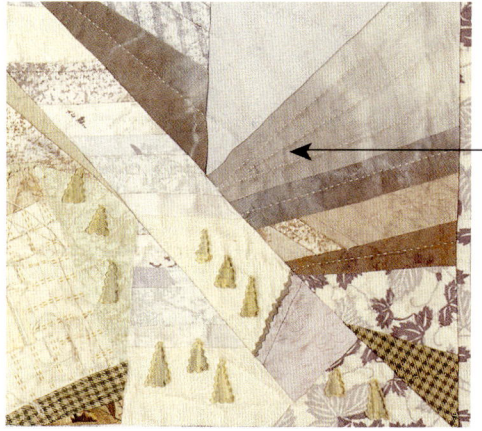

Jenni Dobson begann ihr Projekt mit dem Sammeln von Stoffen, die an Landschaft und geologische Strukturen erinnern. Durch den Einsatz von Sprühfarbe erweitert sie die Farbkollektion. Die ruhige Farbpalette von grauen, neutralen und grünen Stoffen ist sorgfältig ausgesucht und erfasst die tatsächliche Farbstimmung.

BLOCKHAUS MIT OFFENEN NÄHTEN

1 • Sortieren Sie Stoffe in helle und dunkle Töne. Reißen Sie Streifen von ca. 2,5 cm im Querfadenlauf. Schneiden Sie ein 5 cm großes Quadrat als Zentrum zu. Legen Sie die Teile links auf links und nähen Sie je zwei helle Streifen an zwei Seiten der Blockhausmitte, wie gezeigt. Dann bürsten Sie die Nahtzugaben und setzen zwei dunkle Streifen an die beiden anderen Seiten der Blockhausmitte, bei denen Sie ebenfalls die Kanten aufbürsten.

2 • Setzen Sie weitere Streifen an und bürsten Sie die Kanten, bis an alle Seiten drei bzw. vier Streifen angenäht sind. Achten Sie darauf, dass sich die hellen und dunklen Streifen diagonal gegenüberliegen. Zum Schluss bürsten Sie noch einmal über den ganzen Block, damit die Fransen flauschig werden.

Etikett

Auf der Rückseite des Quilts befindet sich ein Etikett, ebenfalls in der Delectable-Mountains-Blockform genäht. Es erzählt die Entstehungsgeschichte des Quilts.

AUFGENÄHTE GERISSENE STREIFEN AUF ZUSAMMENGESETZTEM STREIFENSTOFF

  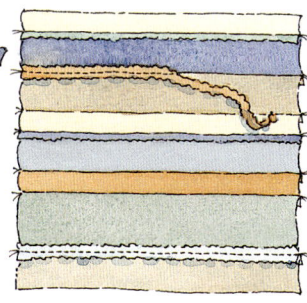 

1 • Schneiden Sie Stoffstreifen von ca. 30 cm Länge und verschiedenen Breiten (von 1½–4 cm) zu und nähen Sie sie an den Längskanten zu Quadraten zusammen.

2 • Nähen Sie die Quadrate zu breiten Bändern und setzen Sie Streifen mit gerissenen Kanten zwischen die Nähte, sodass sie auf der Vorderseite zu sehen sind.

3 • Ist ein Streifenband fertig, so nähen Sie nach Belieben zusätzliche gerissene Streifen darüber. Nähen Sie über die Mitte dieser Streifen, damit sie fest sitzen.

4 • Schneiden Sie die gewünschten Formen aus den gestreiften Bändern aus, und verwenden Sie sie in Ihrem Patchwork.

SEEROSEN IN PATCHWORK

„Vor 22 Jahren besuchte ich einen Patchworkkurs, um meine Nähkenntnisse aufzufrischen. Ich dachte allen Ernstes, dass Quilts etwas Altes und Schäbiges seien, und konnte mir nicht vorstellen, dass jemand ernsthaft seine Zeit damit verbringen möchte. Ich muss wohl meine Meinung geändert haben! Ich patche und quilte nun selbst, weil ich mich so in einem Medium ausdrücken kann, das mir schon immer gefallen hat: der textilen Faser. Es gibt so unendlich viele Möglichkeiten beim Quilten. Egal, wie viele Quilts ich in Arbeit habe — in meinem Kopf sind immer schon wieder Ideen für neue. "

ANN FAHL

Während der langen Zeit, in der sie als Quilterin tätig ist, hat Ann Fahl eine ganz eigenständige Art von Quilts geschaffen. Ihr Markenzeichen ist die Kombination eines Patchworkhintergrundes mit Applikationen, die sie mit dekorativen Maschinenstichen und Perlen gestaltet. Ann Fahl hat den Hintergrund dieses Quilts aus freien Formen zusammengesetzt. Nachdem die äußere Bordüre um die innere Fläche genäht war, bügelte sie die gesamte Oberseite mit Dampf und schnitt sie zurecht. Die Seerosen und ihre Blätter wurden appliziert, dann wurde der Quilt mit der Maschine gequiltet. Die aufgesetzten Libellen beleben das Bild. Interessant sind auch die kleinen, schimmernden Perlen, die oberhalb jeder Seerose aufgenäht wurden. Die schlichten Quiltlinien lenken nicht vom Patchwork ab.

Gesamtmuster

Eine Komposition von Seerosen wurde auf einen Patchworkhintergrund appliziert. Die bildnerischen Elemente sind in der Mitte des Quilts gruppiert, die Perspektive ist durch die verschieden großen Blüten und Blätter angedeutet. Die gestreifte innere Bordüre stellt den Teichrand dar, der nur von der vordersten Seerose unterbrochen wird.

Patchwork des Hintergrundes

Ann Fahl setzte die senkrechten, keilförmigen Hintergrundelemente auf einer Basis aus Vlies zusammen. Durch die Papiernähtechnik war es ihr auch möglich, zusätzliche Elemente, wie die spitzen Blätter, einzuarbeiten.

Sauberer Abschluss

Einer der Vorteile der Papiernähtechnik auf Stoffbasis ist, dass die Nähte zwischen Oberseite und der Basis verborgen sind.

GRÖSSE: 83 x 70 CM

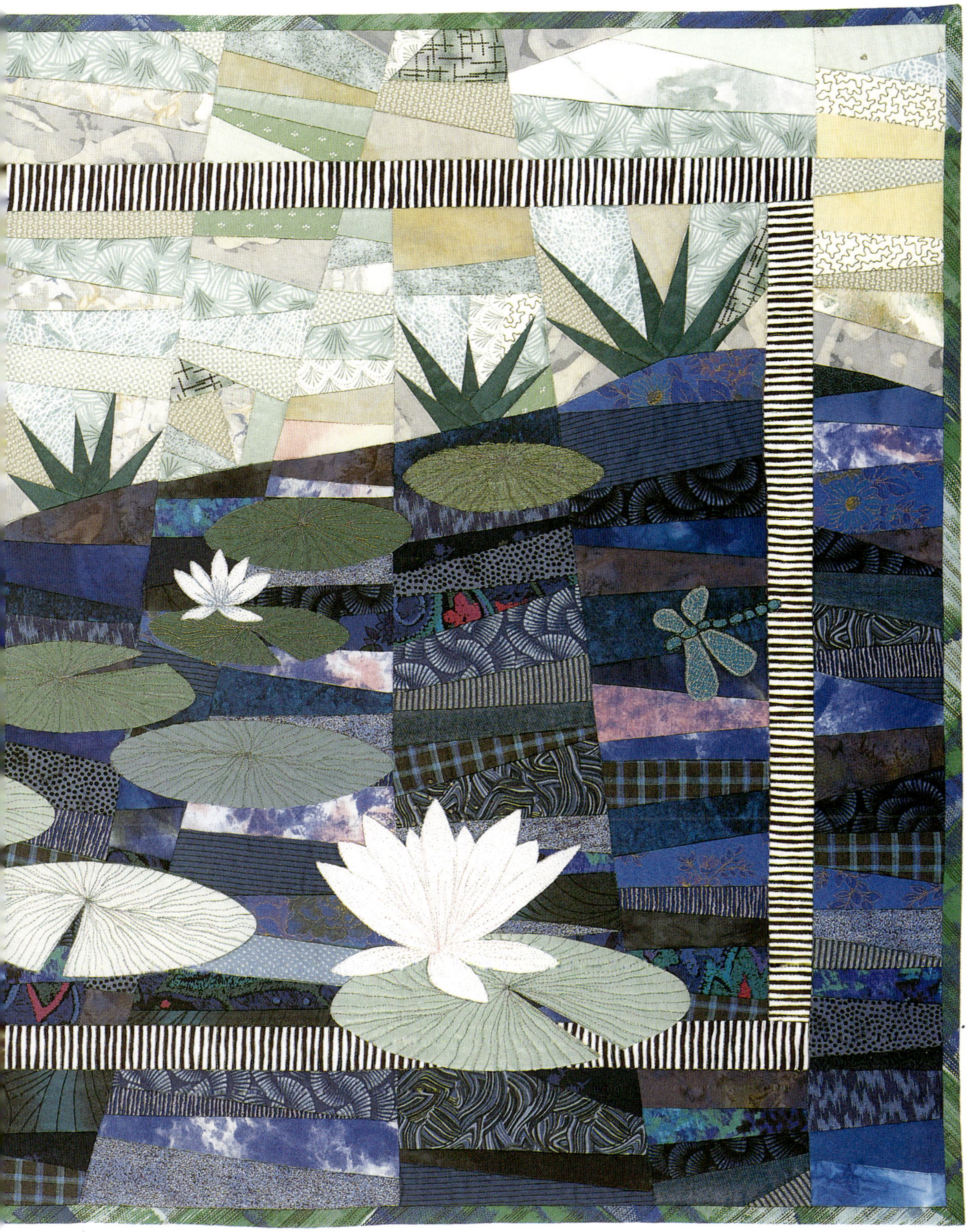

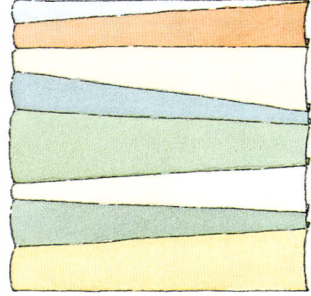

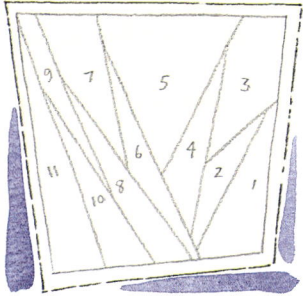

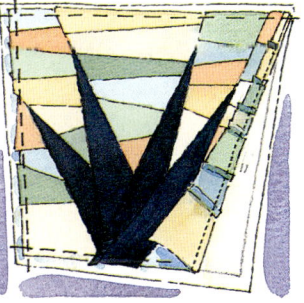

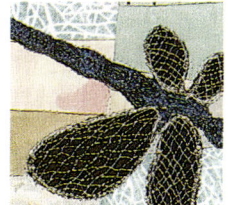

Stickerei

Die Flügel der Libellen wurden mit Goldfaden dicht bestickt, die Körper sind mit dunklem Metallicgarn verziert, um das schwarzer Faden gewickelt wurde.

SPITZE LILIENBLÄTTER

1 • Arbeiten Sie aus Stoffstreifen von 1,5–4 cm Breite ein zusammengesetztes Stück, das groß genug ist, alle Hintergrundsegmente des Entwurfs zu bedecken.

2 • Zeichnen Sie das Motiv auf Basispapier und vermerken Sie, aus welchen Teilen der Hintergrund und aus welchen die Blätter entstehen. Finden Sie eine logische Nähreihenfolge und beschriften Sie die Teile entsprechend.

3 • Nähen Sie die Formen auf die Basis (siehe Seite 43) und schneiden Sie die Teile für den Hintergrund aus dem zusammengesetzten Streifenstoff.

GINKGO BILOBA

„Die meisten meiner Quilts stellen Objekte aus der Natur dar, und dieser wurde vom Ginkgobaum inspiriert. Ausgangspunkt für diesen Quilt waren jedoch weniger das Interesse an der Darstellung des Ginkgoblattes als vielmehr die Begeisterung für meine unerschöpfliche Stoffsammlung und das Verlangen, einzelne Teile völlig neu zusammenzusetzen.

RUTH B. McDOWELL

Ruth B. McDowell blickt auf eine bemerkenswerte Karriere als Quiltkünstlerin zurück. Man kennt ihre strahlend schönen Bilder und ihren kreativen Umgang mit Stoffen. Auch „Ginkgo Biloba" enttäuscht uns nicht. Für ihre Interpretation des Ginkgo, eines Zierbaums aus China, macht sie effektiven Gebrauch von Stoffen. Auffallende Karos und Streifen werden neben gelbe florale Stoffe und interessante Oberflächen gesetzt. Diese großen Blattformen sind in einen dunklen, collageartig zusammengesetzten Hintergrund gestellt und erzielen eine starke Wirkung. Ruth McDowell nutzt moderne Nähtechniken und erzielt damit die gewünschten Ergebnisse; die farbigen Stoffe entnimmt sie ihrer reichhaltigen Stoffkollektion. Das Quilten geschieht frei auf der Nähmaschine, mit der sie direkt auf den Stoff „zeichnet", ohne Vorlage.

Gesamtmuster

Die großen fächerförmigen Blätter vor dunklem Hintergrund in leuchtenden Farben nehmen den Betrachter durch ihr auffälliges Design gefangen. Stoffe mit Musterverlauf wirken wie Falten und verbinden flache Oberfläche und räumliche Tiefe.

Patchworktechnik

Als Vorbereitung fertigte Ruth McDowell eine originalgroße Zeichnung ihres Entwurfes auf Karton an und machte für jedes Teil eine Schablone.

Quilting

Frei geführte Quiltlinien gestalten die Oberfläche und geben größeren Flächen eine deutliche Definition.

Grösse: 137 x 130 cm

KURVENNÄHTE ZUSAMMENSETZEN

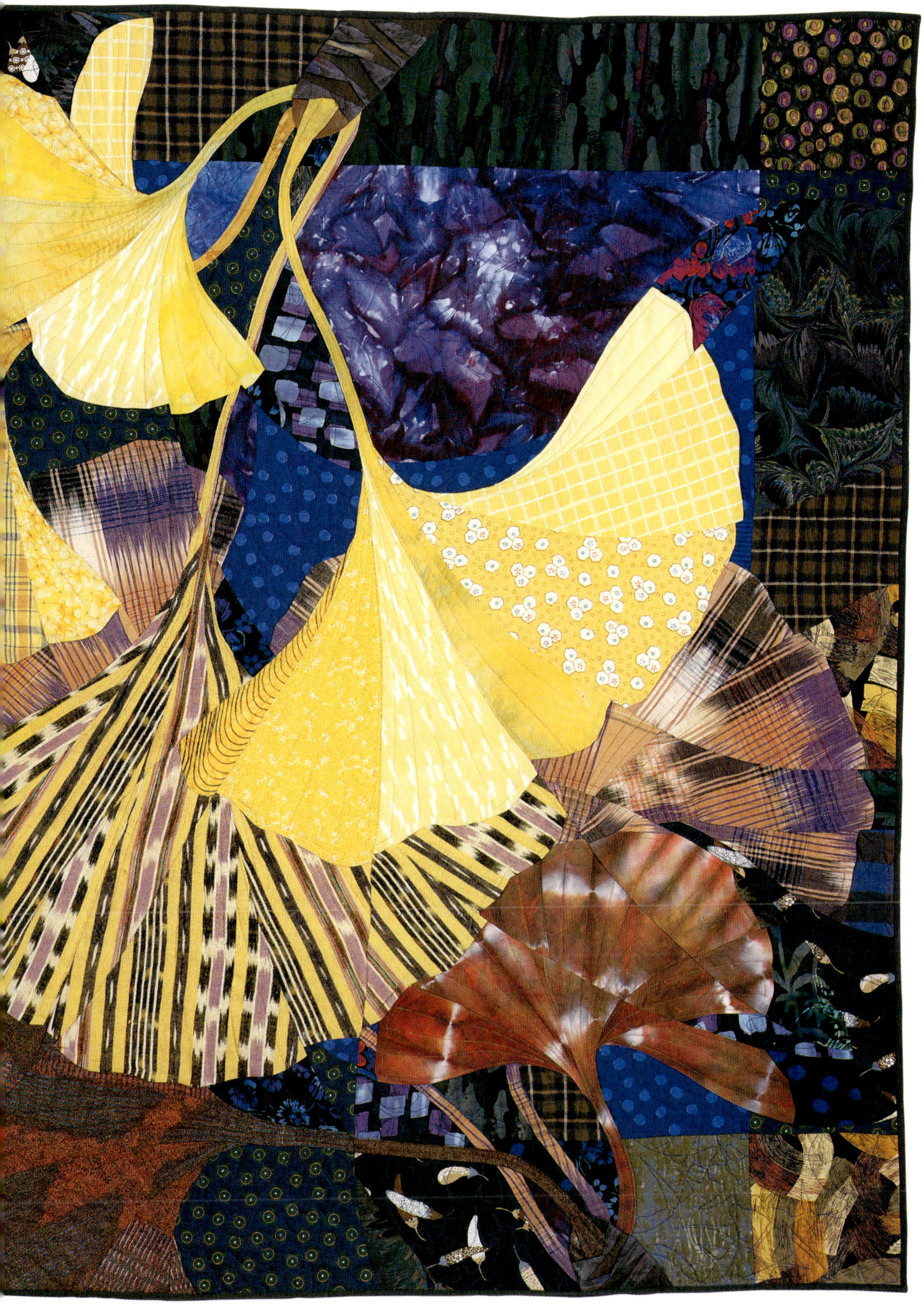

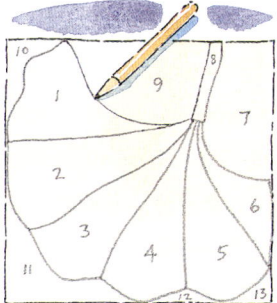

1 • Zeichnen Sie den Entwurf in Originalgröße auf Bristolkarton und pausen Sie ihn ab. Nummerieren Sie die Teile in Nähreihenfolge, und zwar sowohl auf dem Karton als auch auf dem Transparentpapier.

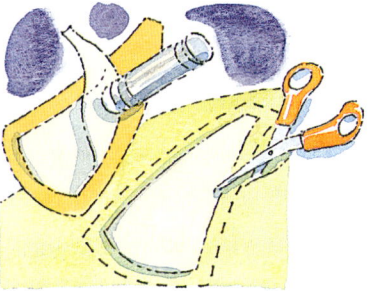

2 • Schneiden Sie die Zeichnung an den Linien aus, legen Sie die Formen auf den Stoff und schneiden Sie die Teile mit 0,75 cm Nahtzugabe aus.

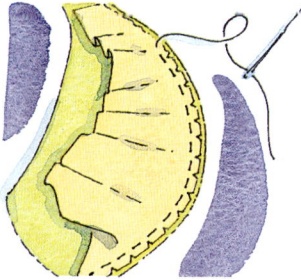

3 • Setzen Sie die Teile in ihrer Nähreihenfolge zusammen. An gebogenen Kanten schneiden Sie die Nahtzugabe ein, damit sich die Kurven glatt legen.

SCHIRMAKAZIE

„Ich habe Hauswirtschaftslehre studiert und Nähen, Maßschneiderei und Maschinensticken unterrichtet. Mitte der Siebzigerjahre begann ich mit Patchwork zu experimentieren, ernsthaft angefangen habe ich aber erst Ende der Achtziger. Ich unterrichte nun Maschinenquilten und Maschinenapplikation in Vollzeit und habe den Ehrgeiz, alles das mit Maschine zu arbeiten, was andere von Hand nähen. Dieser Quilt erinnert an eine wunderbare Reise nach Südafrika im Jahr 1996."

MAURINE NOBLE

Maurine Noble schuf ein beziehungsreiches Landschaftsbild aus einer Sammlung von Baumwollstoffen. Es ist die Vereinfachung, die die Wirkung dieser dramatischen Szene verstärkt. Der große Baum im Vordergrund steht vor entfernten Bergen. Der Rahmen, der nicht wie ein solcher wirkt, setzt durch geschickt gewählte, hellere Farbtöne das Bild nach außen hin fort, als sei es dort transparent. Dadurch wird das Zentrum des Bildes besonders hervorgehoben; es scheint zu glühen, und Farbe, Licht und Raum verschmelzen. Maurine Noble erlernte die Patchworktechniken, die sie in diesem Quilt angewendet hat, von Ruth B. McDowell (siehe Seite 82). Noble machte sich Schablonen nach einer originalgroßen Zeichnung auf Papier. Die perfekt genähten schmalen Streifen und Spitzen verdienen unsere Bewunderung. Doch der Quilt beeindruckt nicht nur durch seine technische Perfektion, sondern vor allem auch durch seinen starken Ausdruck.

Gesamtmuster

Hier wird das Medium Patchwork für ein textiles Gemälde benutzt. Die Stoffe der einzelnen unterschiedlichen Elemente – eine Mischung aus handgefärbten und kommerziellen Stoffen und südafrikanischen Textilien – sind perfekt gewählt. Die Landschaft wird durch die Batiken und die groß gemusterten Flächen deutlich definiert. Die in fließender Bewegung verlaufenden, maschinengenähten Quiltlinien verbinden die einzelnen Elemente der Komposition und verleihen zusätzlich Struktur.

Inspiration

Die südafrikanische Landschaft und ganz besonders eine Erinnerung an Shakaland waren die Inspiration für die „Schirmakazie".

Stoffdruck

Der groß gemusterte Stoff im Schatten und im unteren Bereich der Akazienzweige bildet einen Blickfang und lässt das Auge des Betrachters zwischen Vordergrund und dahinter liegender Landschaft hin und her wechseln.

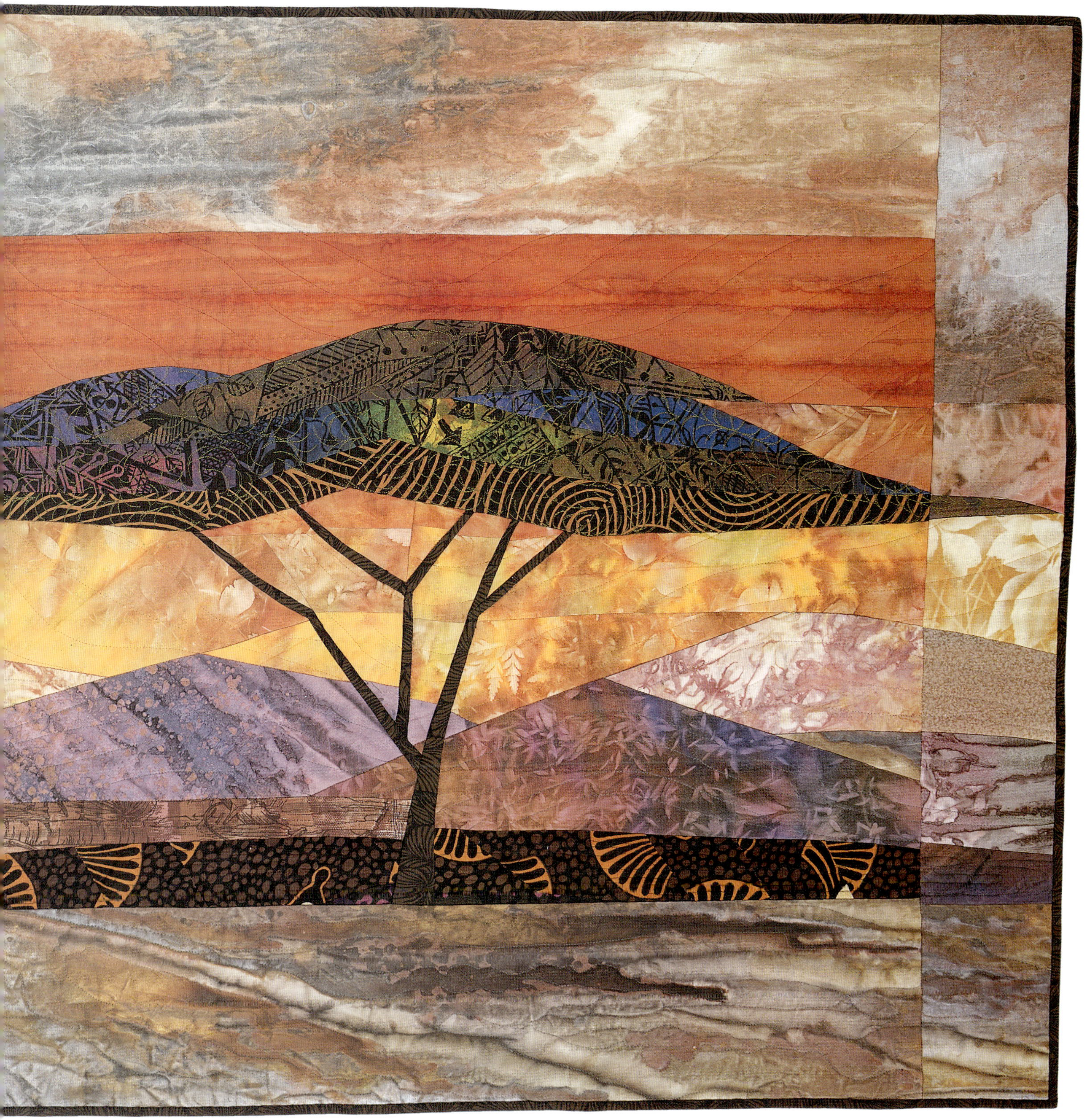

GRÖSSE: 98 X 81 CM

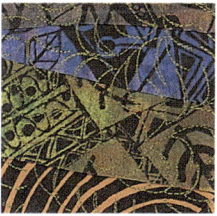

Quilting

Maurine Noble sagt, dass sie leidenschaftlich gerne mit der Maschine quiltet. Die perfekten Quiltingflächen auf der gesamten Arbeit sind der Beweis.

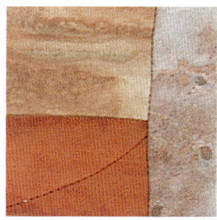

Einrahmung

Der Rahmen wird nur durch eine Nahtlinie oder durch einen subtilen Wechsel des Farbtons vom zentralen Bild abgegrenzt und bildet eine Wiederholung des Hintergrundes, eine Darstellung der Ferne.

DER GRIECHISCHE QUILT

„Im College schrieb ich eine Arbeit über ‚Die Darstellung des menschlichen Körpers auf griechischen Gefäßen‘, und daraus ergab sich die erste Idee für dieses Design. Die Gefäße gaben die Farben vor, die marmorierten Stoffe belebten die Flächen. Die weiblichen Figuren links sind Trauernde und stammen von einer Urne. Hier symbolisieren sie die vielen Kümmernisse des Quiltnähens. Die tanzenden Figuren rechts stehen für das Glücksgefühl, das einen nach Vollendung des Werkes durchströmt. Zwischen den beiden Gruppen wird ein Miniaturquilt hochgehalten. Das ist der Quilt, an dem ich bisher am längsten gearbeitet habe: 533 Stunden. "

SHEENA NORQUAY

In diesem Quilt sind eine Reihe von Techniken angewandt – Maschinennähen, Handapplikation, Perlenstickerei, freies Maschinensticken und -quilten. Das große Zentralmotiv steht etwas oberhalb der Mitte, ähnlich wie die Abbildungen auf griechischen Amphoren. Die Anordnung in Paneelen sorgt für einen ausgewogenen Hintergrund, auf dem die Motive in rhythmischer Wiederholung – wie für griechische Gefäße typisch – appliziert sind. Menschliche Figuren, Vögel und Tiere sind auf ihre Kontur reduziert und bilden Bordüren von sich wiederholenden Mustern. Die verschiedenen Breiten der Bordüren und Größen der Motive sowie die unterschiedliche Farbverteilung machen das Muster interessant. Sheena Norquay ist ein textiles Meisterwerk gelungen.

Gesamtmuster

Die Kombination von figurativen und geometrischen Mustern macht diesen Quilt interessant. Die einzelnen Elemente sind durch eine Folge von Rechtecken miteinander verbunden, die den Hintergrund bilden für die einfallsreiche, neuartige Interpretation des griechischen Themas. Die Wiederholung des zentralen Bildes – zwei Vögel, die sich gegenüber stehen – im Miniaturquilt darunter, ist eine faszinierende Besonderheit.

Applikation

Die Motive sind mit traditioneller Technik appliziert, bei der die Stoffkanten mit der Nadelspitze untergeschlagen und dann festgenäht werden. Danach wurde mit Perlen und Stickerei verziert.

Quilting

Viel frei geführtes Maschinenquilting gibt der Oberfläche eine schwere Struktur. Die Unterschiede zwischen Stickerei und Quilting verschwimmen durch die Anwendung von Maschinenstickerei in den Quiltingflächen.

Inspiration

Die Erforschung der Bilder auf antiken griechischen Gefäßen, insbesondere die Abbildung von Vögeln und Figuren in Kombination mit dekorativen Mustern, inspirierte Sheena Norquay zu diesem Quilt.

Hintergrund

Der zusammengesetzte Hintergrund bildet Flächen, die für die stilisierten Figuren, Vögel und Blumenmotive ideal geeignet sind. Diese Flächen wurden durch sich wiederholende abstrakte Muster optisch verbunden.

GRÖSSE: 168 x 211 CM

IM WANDEL

„Als ich das Patchwork entdeckte, war mir schnell
klar, dass es all meine kreativen Bedürfnisse erfüllte.
‚Im Wandel‘ ist der vierte in einer Serie von Quilts
mit Blattdarstellungen, inspiriert durch die Bäume
der Gegend, in der ich lebe. Ich bin der Meinung,
dass wir nicht außerhalb der Natur stehen, sondern
ein Teil von ihr sind, und ich möchte den Betrachter
in die Welt, in der wir leben, zurückbringen, und
das Gefühl der Entfremdung zerstreuen,
das viele in sich haben.
Ich mache lieber wenige Quilts, aus denen
ich lernen kann, als viele Quilts, die mir
nichts sagen."

GABRIELLE SWAIN

Dieser Quilt entwickelte sich aus einer
Studie von Farbtemperaturen. Nicht
Farbton, nicht Farbwert, nur die Temperatur
der Farben zählte: warm oder kalt. Gabrielle
Swain begann mit einem Entwurf auf Papier,
da sie das Gefühl, einen Bleistift auf Papier
zu setzen, als beruhigend und anregend zugleich empfindet. Viele ihrer Quilts werden
über eine lange Zeit hinweg entworfen, aber
sie erklärte, dass sich „Im Wandel" ganz von
selbst entwickelt habe. Die Blätter wurden
appliziert, die schmalen Blattadern entstanden durch Reversapplikation. Gabrielle Swain
wählte für die innere Bordüre Farben, die zu
den Stoffen der Blätter passten. Wirbelnde,
handgequiltete Linien ergänzen die Blattformen. Aus dieser Kombination von Techniken entstand ein interessanter Quilt, dessen
Motive vor dem Hintergrund zu schweben
scheinen.

Gesamtmuster

Die Quiltoberfläche ist in vier große
Abschnitte aufgeteilt, und jeder enthält große
und kleine applizierte Blattformen. Eine
doppelte, schmale innere Bordüre wechselt die
Farben an den Ecken und grenzt die große
Mittelfläche vom äußeren Rand ab, auf dem
kleinere Blätter angeordnet sind. Leuchtende
Farben und große Formen erzielen maximale
Wirkung.

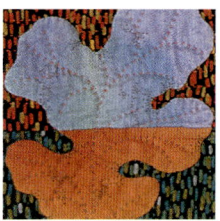

Inspiration

Für viele Patchworke-
rinnen ist die Natur
und die direkte Um-
gebung die beste
Inspirationsquelle.
Gabrielle Swain er-
klärt: „Die Arbeit mit
Motiven aus dem
Garten und der Ge-
gend, in der ich lebe,
bringt mich der Erde
näher."

Farbwechsel

Die vier mittleren
Abschnitte des
Quilts sind nicht nur
durch ihre Hinter-
grundfarben defi-
niert, sondern auch
durch die Farb-
wechsel innerhalb
der Motive, die die
Grenzlinien über-
lagern. Dieser Einfall
wird auch bei der in-
neren Bordüre umge-
setzt.

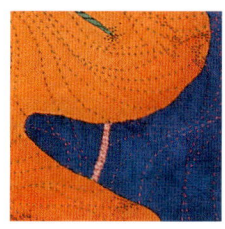

Quilting

Ein Quiltgarn in Kontrastfarbe definiert die
großen Blattformen und verleiht ihnen Struktur.

Grösse: 132 x 132 cm

Linien in Reversapplikation

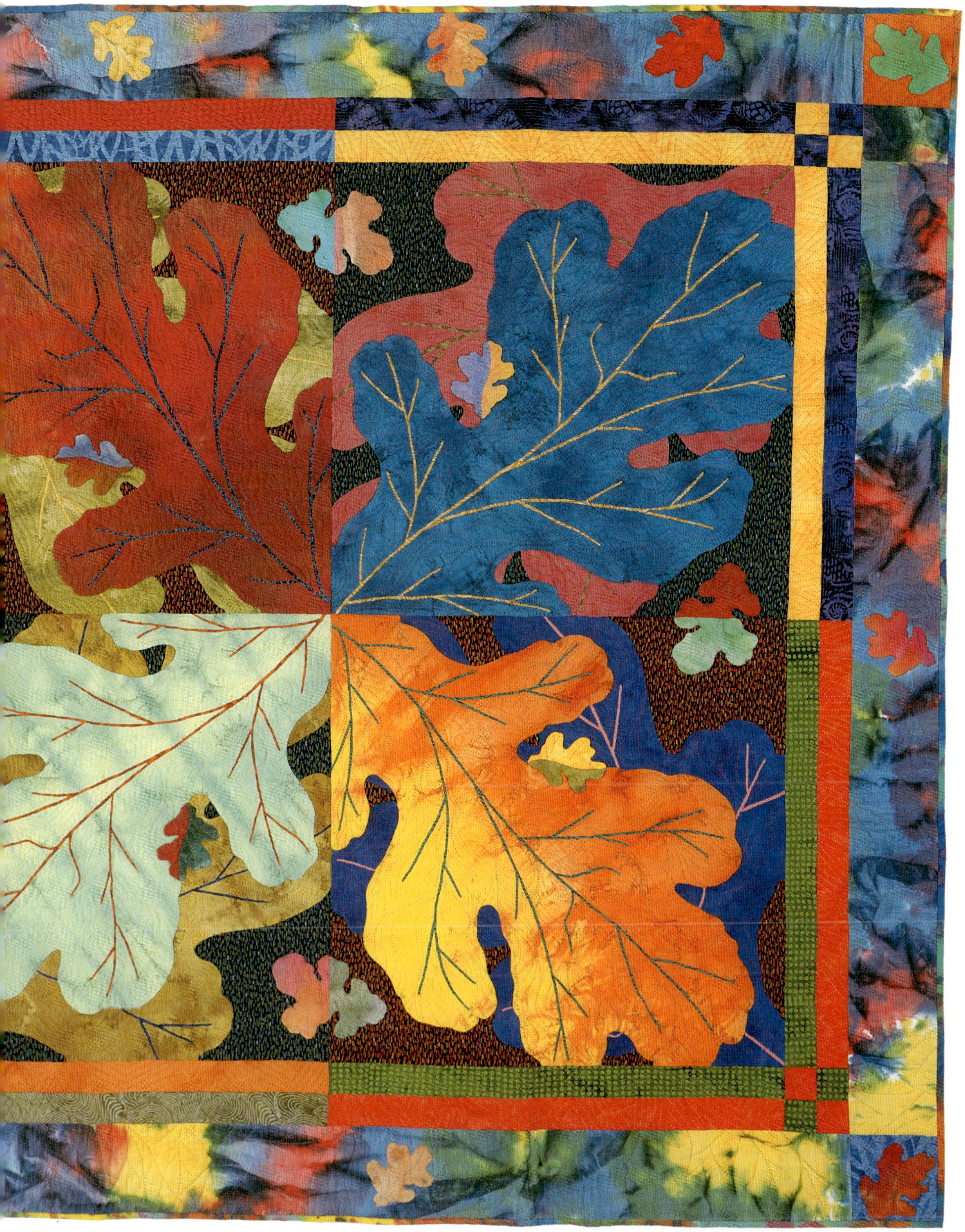

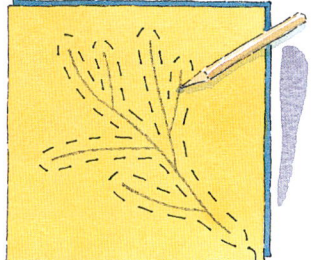

1 • Zeichnen Sie das Motiv mit einzelnen Linien auf die rechte Seite des Oberstoffes. Legen Sie diesen auf den Stoff für die Blattadern. Heften Sie mit 1 cm Abstand um die Linien.

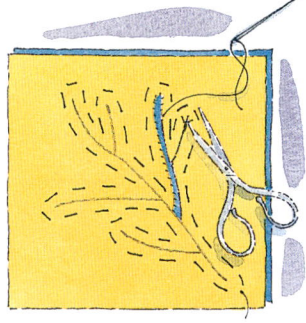

2 • Schneiden Sie 5–8 cm des Stoffes entlang der Linie auf. Schlagen Sie die Schnittkante an einer Seite unter und nähen Sie sie auf den Hintergrundstoff. Schneiden und nähen Sie in kleinen Arbeitsschritten weiter und applizieren Sie eine Seite des Stieles fertig, bevor Sie die andere beginnen.

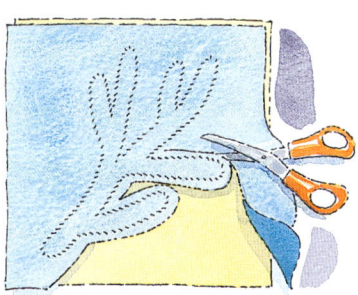

3 • Wenn Sie damit fertig sind, drehen Sie die Arbeit um und schneiden auf der Rückseite den nicht benötigten Stoff weg.

VERSCHLEIERT

"Ich begann 1986 mit einem Samplerkurs und steigerte mein Können in weiteren Workshops, Designkursen und Meisterklassen. Stoff sollte mein Gestaltungsmittel werden. Was mir am Patchwork am meisten Spaß macht, ist der Entwurf. Dieser Quilt ist eine Hommage an die starken Pionierfrauen in meiner Familie: Ihre Geschichten sind halb vergessen, wurden vielleicht nie ganz erzählt. Ambitionen, Sehnsüchte, Hoffnungen, Eifersüchte – alles wurde verschleiert aufgrund des Benimmkodexes, dem die Frauen unterworfen waren."

PAM WINSEN

H ier ist es das ausdrucksstarke Potenzial des Quilts, das die Kluft zwischen angewandter und bildender Kunst überbrückt. Mit einer Mischung von Materialien und Techniken weckt „Verschleiert" die Gedanken an das Leben unserer Ahninnen. Pam Winsen fotokopierte das Brautkleid ihrer Mutter und benutzte die Kopien für eine lebensgroße Collage. Diese Collage wurde auf Seidengeorgette, den Stoff des Originalkleides, transferiert, welcher zuvor mit Tee gefärbt worden war. Als Nächstes wurde der Stoff auf einer Leinwand befestigt und mit Perlen, Handquilting, Käseleinen und Farbe verziert und ausgeschmückt. Als Rahmen wurde gealtertes geschöpftes Papier verwendet, da es altem Fotopapier gleicht. Ein Brautkleid kann Jugend und Hoffnung auf die Zukunft symbolisieren – aber hier macht es die Vergangenheit lebendig, wie ein altes, sepiabraunes Foto.

Gesamtmuster

Der zarte Stoff, auf den das Foto des Kleides übertragen wurde, ist mit Plissee und Falten verformt. Das Kleid wurde mit angedeuteter Stickerei und mit Perlen dekoriert. Locker gewebtes Käseleinen, an manchen Stellen übereinander gelegt, erinnert an die Zersetzung durch die Zeit. Das Leinen fließt bis über den Rahmen hinaus und verbildlicht den Titel.

 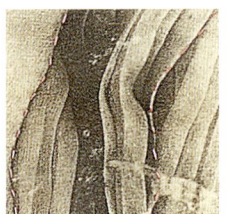 

Käseleinen

Aus dem Leinen wurden zunächst Fäden herausgezogen. Dann wurde das Tuch wie Spinnweben auf Teile der Komposition und den Rahmen appliziert – ein Zeichen von Vergänglichkeit und Zerfall.

Quilting

Handquilting mit dickem Seidengarn betont die Falten im Hintergrund.

Stickerei

Die gestickten Blumenmotive sind die einzigen Farbflecken in einem ansonsten neutralen Bild. Weitere Details sind Perlen und schablonierte Blätter.

Inspiration

Das Brautkleid der Mutter der Künstlerin – sein symbolischer Wert, sein Platz in der Geschichte, sogar sein Stoff – regte an zu einem Quilt, der die Vergangenheit erahnen lässt.

GRÖSSE: 71 × 93 CM

MODERN UND ABSTRAKT

◆

DASS PATCHWORK EINE PERSÖNLICHE FORM DES AUSDRUCKS SEIN KANN, WIRD DURCH DIE FESSELNDEN ABSTRAKTEN BILDER IN DIESEM KAPITEL BESTÄTIGT. MANCHE DIESER QUILTS GEBEN KLASSISCHEN MUSTERN EINE NEUE RICHTUNG, ANDERE LASSEN DIE TRADITION VÖLLIG HINTER SICH, UM DIE PERSÖNLICHE VORSTELLUNG DER KÜNSTLERIN ZU VERMITTELN. ALL DIESE ARBEITEN LOTEN DIE GRENZEN VON STOFF UND FADEN AUS, HABEN EINE HAPTISCHE UND VISUELLE WIRKUNG. DIE AUFFÄLLIGEN ARBEITEN DEMONSTRIEREN DIE VIELFÄLTIGKEIT UND KRAFT DES TEXTILEN MEDIUMS.

SCHWARZ MINUS SCHWARZ

„Ich versuche, die technischen Anforderungen des Patchworks zu verringern, und finde dadurch spontanere Möglichkeiten, mich in Stoff auszudrücken. Am liebsten arbeite ich ohne strenge Planung. Ich spiele mit meinen Stoffen, baue einen Dialog mit ihnen auf und lasse die Idee fließen. Meiner Ansicht nach bietet das Patchwork wertvolle Möglichkeiten zu Selbstdarstellung und Enthüllung. Da ich mich nicht allzu gerne mit Worten ausdrücke, lasse ich meine Quilts für mich sprechen."

DIANA BUNNELL

Die Wirkung dieses Quilts geht auf die gewagten Muster zurück, die durch Entfärben entstanden sind: Verschiedene schwarze Stoffe wurden mit Entfärber behandelt. Diana Bunnell probierte verschiedene Bleichtechniken aus, auch Sprühen, Bürsten und Falten, bevor sie den Stoff in die Entfärberlösung tauchte. Der Bleichvorgang wird durch Eintauchen des Stoffes in Wasser gestoppt. Da die Stoffe von verschiedenen Herstellern stammten, ergaben sich unterschiedliche Farbeffekte: Weiß, Rosé und Apricot, sogar ein Schimmer von Lila erschien auf dem schwarzen Stoff, der für den Hintergrund vorgesehen war. Weitere Elemente wurden durch Bestempeln mit Acrylfarbe hinzugefügt. Entscheidungen über das Design wurden nach verschiedenen Anordnungsversuchen auf der Entwurfswand getroffen. Dann wurden die Teile auf ein großes Stück schwarze Leinwand appliziert. Die Rechtecke wurden in einem unbestimmten Raster arrangiert, um die Stoffe harmonisch zusammenzuführen.

Gesamtmuster

Mit Hilfe von Entfärber dekorierte Diana Bunnell verschiedene schwarze Stoffe mit auffälligen Mustern. Die entstandenen Kreuze, Kreise und Raster wurden zu einer mutigen Komposition zusammengestellt. Die experimentellen Effekte wurden mit eher kontrollierten Techniken – dem Stempeln von Motiven und der Reversapplikation – kombiniert.

Hintergrundstoff

Der Hintergrundstoff wurde mit Entfärber bemalt. Das Ergebnis ist ein schattenhaftes Diagonalmuster.

Bewegung und Energie

Experimentelle und geplante Effekte sind in einer energetischen Komposition von einfachen, wiederkehrenden Motiven wie Kreisen, Quadraten und Kreuzen zusammengestellt. Besonders die Diagonallinien bringen Bewegung und Kraft, was durch die grobe Textur und die düstere Farbpalette unterstrichen wird.

Bedrucken mit Acrylfarbe

Kreisförmige Motive, mit Acrylfarbe auf die Oberfläche gedruckt, balancieren die drei großen Rechtecke aus. Aufgenähte Fäden und Garne bilden eine interessante Oberflächenstruktur.

Applikation

Sechs braune Quadrate wurden auf dieses Paneel genäht und bilden eine gegliederte Struktur auf dem unruhigen Hintergrundmuster.

GRÖSSE: 130 x 112 cm

SONNTAG IN SOHO

„*Mit dem Patchwork begann ich ernsthaft Ende der Sechzigerjahre. Ich brachte mir alles selbst bei (die stümperhafte Methode!). Doch ich hatte das Bild meiner originellen und kreativen Mutter vor Augen, das mir bewusst machte, dass jede Art von Einengung selbst auferlegt ist. Ich genieße alle Aspekte des Patchworks: Es bereitet Vergnügen beim Entwerfen, führt zu handwerklicher Fertigkeit beim Zusammensetzen und bietet Raum für meditative Reflexion während des Handquiltens. Ich habe immer noch mehr Ideen als Zeit und möchte immer noch gerne wissen, was passieren würde, wenn …*"

DIXIE HAYWOOD

Ein Bild ohne Titel in Tusche und Aquarellfarbe von Wassily Kandinsky fesselte Dixie Haywoods Aufmerksamkeit. Die Kombination eines verzogenen Gitters mit verstreuten Zeichen und die sichtbare Oberflächenstruktur brachten Haywood auf die Idee, das Ganze in Stoff umzusetzen. Das Gitter wurde in der Papiernähtechnik gearbeitet, die Dixie Haywood „Gleicher-Stoff-Crazy" nennt. Die grafischen Einzelheiten – der Teil des Quilts, der dem Aquarell am nächsten kommt – waren der interessanteste und schwierigste Teil der Arbeit. Gequiltet wurde in den Nähten, um die Struktur zu verstärken. Die Kombination von pastelligen und leuchtenden Farben mit den feinen grafischen Zeichen führt zu einer gewissen Verspieltheit, die durch die Struktur von Stoff und Faden zusätzlich betont wird.

Gesamtmuster

54 trapezoide Formen aus Unistoff, die in ein ungleichmäßiges Gitter gesetzt wurden, bilden die Grundstruktur des Quilts. Schmale schwarze Linien und lustige grafische Zeichen bringen Bewegung und den Rhythmus der Wiederholung.

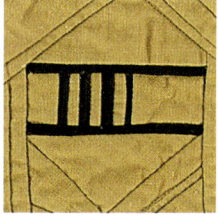

Reversapplikation mit Satinstich

Dixie Haywood hat bei manchen der schwebenden Formen in der Mitte eines Farbfeldes die Reversapplikation angewandt. Die Stoffkanten wurden mit dem Satinstich der Nähmaschine bedeckt.

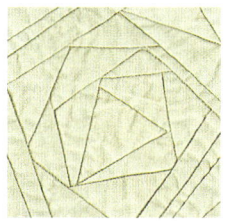

„Gleicher-Stoff-Crazy"

Wegen des asymmetrischen Gitters musste der gesamte Quilt originalgroß entworfen werden. Dann wurde jedes Teil auf der Rückseite mit einem Code für Lage und Farbe versehen. Für jedes Teil wurde ein und derselbe Stoff verwendet und auf einen Untergrund genäht. Durch den ständigen Richtungswechsel des Fadenlaufs ergibt sich eine subtile Hintergrundtextur, die einen Gegensatz zum linearen Design bildet.

Farbstudie

Dixie Haywood verwendete hauptsächlich Pastelltöne, doch die Einbeziehung dunklerer Farben geben dem Ganzen einen besonderen Reiz. Schwarz bringt die Unifarben zum Leuchten.

GRÖSSE: 127 X 170 CM

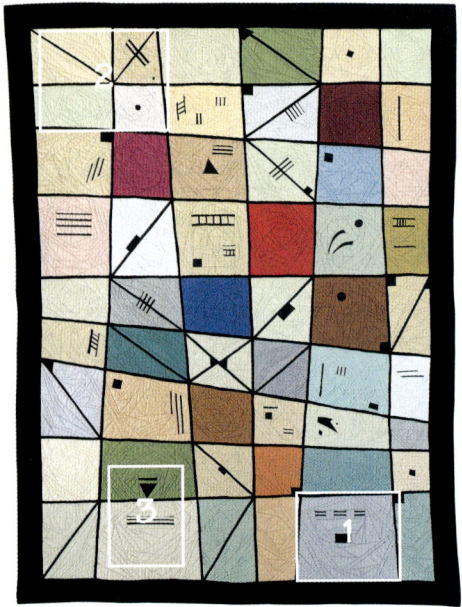

Obwohl die Blöcke alle aus einem Stoff gefertigt wurden, ändert sich die Richtung des Fadenlaufs. Weil das Licht dadurch unterschiedlich gebrochen wird, ergeben sich subtile Farbunterschiede.

Der Quilt gelang aufgrund einer glücklichen Kombination von Abwechslung und Wiederholung. Jede schwarze Form und Linie ist sorgfältig ausbalanciert. Durch die Kombination mit den Farben wird eine harmonische abstrakte Komposition erreicht.

Jedes Teil ist unterschiedlich und könnte als separate Einheit für sich stehen. Als Teil eines Ganzen verblüfft es durch ausbalancierte Linien, geometrische Elemente und ansprechende Muster.

Ausschnitt 2: Konstruktion jeder einzelnen Einheit

Keiner der Blöcke ist ein richtiges Quadrat oder Rechteck. Während des Arbeitsprozesses musste deshalb ganz besonders darauf geachtet werden, dass keines der Teile verkehrt herum lag, da sie nicht zusammengepasst hätten. Die leeren, einfarbigen Blöcke stellen Ruhezonen dar zwischen den lebendigen abstrakten Elementen der übrigen Blöcke.

Bei der Gestaltung der Hintergrund-blöcke wurden die Teile zufällig anein-ander gereiht, so-dass kein Muster vorgezeichnet werden musste.

Ausschnitt 3: Crazy in Papiernähtechnik

Manche der grafischen Details mussten zusammengesetzt werden, bevor sie in die Crazy-Fläche eingearbeitet wurden. Die Kreise und ein paar andere Formen wurden in Reversapplikation gearbeitet, nachdem die Blöcke fertig genäht waren.

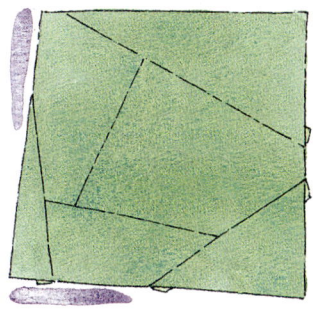 

1 • Bereiten Sie die oberste Lage vor. Das kann ein Stück Stoff oder ein Stück Patchwork sein. Wenn Sie auf einen Un-tergrund nähen, verwenden Sie ein Material, das wieder ent-fernt werden kann, z. B. Papier oder Stickvlies.

2 • Fertigen Sie eine Schab-lone an für die Form, die Sie hinzufügen möchten. Wählen Sie den Stoff dafür aus und schneiden Sie ein Teil zu, das rundum mindestens 2,5 cm größer ist als die Schablone.

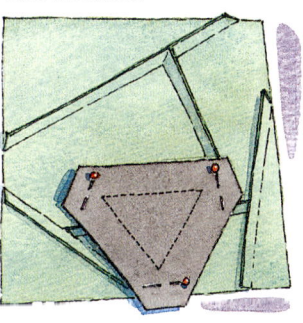 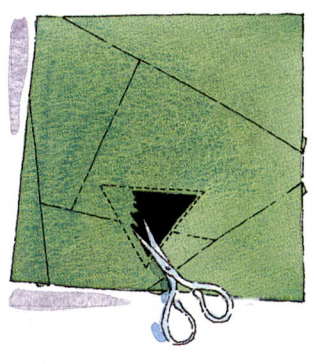

3 • Zeichnen Sie auf dem oberen Stoff mit Stoffstift um die Schablone, um die Lage der Applikation festzulegen. Heften Sie entlang der Linie, um die Form auf der Rückseite sicht-bar zu machen. Stecken Sie den Applikationsstoff auf der Rückseite fest und steppen Sie die Form mit Geradstich auf.

4 • Schneiden Sie den Stoff auf der Vorderseite mit einer scharfen Schere auf, knapp innerhalb der Nählinie.

5 • Legen Sie Nähpapier unter die Arbeit, damit sie sich nicht wellt. Arbeiten Sie einen dich-ten Satinstich über die Kante. Schneiden Sie überstehenden Stoff auf der Rückseite der Ar-beit knapp entlang der Kante ab.

FLAMMEND

*„Ich wuchs in Südafrika auf, wo es keine Patch-
worktradition gibt. Ich brachte mir die englische
Papiermethode bei, und als ich nach Kanada
gezogen war, erlernte ich die amerikanischen
Techniken. Mir gefällt, dass sich die Quiltkunst
entwickelt — Quilterinnen erfinden immer neue
Techniken und brechen auf schöpferische Art die
Regeln — und dass ich ein Teil dieser wunderbaren
Entwicklung bin. Ich schätze auch die Tatsache,
dass die Nadelkunst im Wesentlichen die Stimme
der Frauen ist und dass Patchwork ein ausdrucks-
starkes Medium ist, durch das Frauen ihre Geschichte erzählen können."*

VALERIE HEARDER

D er Ausgangspunkt für „Flammend"
war die Idee für ein Muster, das,
vierfach geteilt, eine Spiralform bilden sollte.
Zuerst wurde es als Holzschnitt ausgeführt,
doch Valerie Hearder erkannte das Potenzial
des Entwurfs und setzte ihn in einen Quilt
um. Gestreifter und gepunkteter Taft wurde
als Hintergrund für die vier Hauptblöcke
ausgesucht. Das große, orange-gelbe Blütenmotiv weist Details wie z. B. Adern auf; die
flammen- und blätterartigen Formen wurden hinzugefügt. Den Rand ergänzend zu
den Flammen zu gestalten, war eine Herausforderung. Die fließende Spiralbewegung
des zentralen Motivs wird mit den Quiltlinien auf dem Rand weitergeführt. Der Taft
verleiht der Quiltoberfläche einen prächtigen Schimmer und unterstreicht das auf-
fällige Design.

Gesamtmuster

Das zentrale Blütenmotiv in warmen, leuchtenden Farben schimmert vor
den dunklen Hintergrundfarben. Die schmale Gitterlinie, die die vier
Abschnitte trennt, betont die Wiederholung und klärt die Struktur der
Blöcke. Das dynamische Design, die leuchtenden Farben und glänzenden
Stoffe bilden einen faszinierenden Quilt mit einer starken Wirkung.

Inspiration

Das Wesentliche der
flammend rot- und
orangefarbenen
Blüte des südafri-
kanischen Flammen-
baumes und seine
Ähnlichkeit mit Feuer
findet Ausdruck in
Valerie Hearders
Quilt.

Techniken

Es wurden viele Techniken angewandt: Aufbügelapplikation, Handapplikation, Maschinenpatchwork, Maschinenquilting und Handnähen.

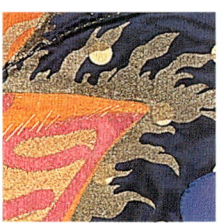

Eine Aura oder ein
brennender Halo aus
goldenem Netzstoff
wurde um die Spitzen
einiger kleiner
Blattformen herum
aufgebügelt.

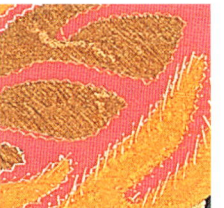

Die großen Formen
waren sehr schlicht,
und so fügte Valerie
Hearder weitere Ele-
mente hinzu, wie die
handgestickten Blatt-
adern, um die Konturen
auszuschmücken.

Freies Maschinen-
quilting in bunten
Metallicfäden wie-
derholt die Hauptele-
mente des Quilts und
trägt sie bis in den
Rand.

GRÖSSE: 130 X 130 CM

Blockvariation

Obwohl es sich um vier gleiche Blöcke handelt,
gibt es interessante Unterschiede. Die Stoff-
kombination in den jeweils benachbarten Hintergrundblöcken unterscheidet sich, und die
kleinen Details im mittleren Bereich sind jeweils
etwas anders ausgearbeitet.

VIER ARMBRÜCHE IN EINEM JAHR

„Mit Patchwork begann ich etwa um 1976 herum, als ich noch Tänzerin war. Nach meinem Rückzug von der Bühne studierte ich Textilkunst am Loughborough College of Art. Ich arbeite gern mit Farben und freue mich, wenn sie dynamisch aufeinander prallen. Ich besitze eine umfassende Stoffsammlung und benutze gerne winzige Stückchen — in Streifen genäht. Ich halte es für einen Vorteil der Streifentechnik, dass man nicht immer genau bestimmen kann, welcher Teil eines Stoffes an welcher Stelle des Gesamtmusters auftauchen wird. So hält jede Arbeit eine kleine Überraschung bereit.“

BRIDGET INGRAM-BARTHOLOMÄUS

D ieser Quilt besteht aus vier einzelnen, über Keilrahmen gezogenen Elementen, und diese können auf drei verschiedene Arten gehängt werden. Am Anfang wurde ein verkleinerter Entwurf gemacht, und nachdem alle Musterentscheidungen getroffen waren, wurden die Teile in Originalgröße gezeichnet. Von diesen Vorlagen wurden Schablonen angefertigt. So weit dies möglich war, wurden die Streifenstoffe in „Serie" genäht. Dann wurden die Abschnitte mit Hilfe der Schablonen zugeschnitten und zusammengenäht. Gequiltet wurde mit der Maschine. Die farblich abgestuften Streifen und winkeligen Formen ähneln Gesteinsschichten oder geschliffenem Achat. Wenn man in einer Ausstellung eine der Hängeanordnungen sieht, möchte man zu gerne wissen, wie die anderen aussehen.

Gesamtmuster

Die vier Teile des Quilts ermöglichen verschiedene Gesamtansichten. Jede Einheit entstand aus winkeligen Streifenabschnitten, die asymmetrisch komponiert wurden. Außerdem sind die vier Teile durch die gewählten Stoffe und Farben miteinander verbunden.

Keilförmige Teile

Bridget Ingram-Bartholomäus nähte Einheiten aus Streifenstoffen, deren Farben und Streifenbreiten abgestuft, dann zerschnitten und keilförmig jeweils zu einem anderen Muster zusammengesetzt wurden. Da die Richtung der Streifen wechselt, bilden sich verwinkelte Facetten. Die Stoffe wurden sorgfältig an den Nahtstellen aneinander angepasst, damit die Linien nicht unterbrochen wurden. Die keilförmigen Teile sind am Richtungswechsel der Linien identifizierbar.

Inspiration

Zwar trägt der Quilt seinen Titel, weil in der Familie der Künstlerin vier Armbrüche in einem Jahr passierten, doch die Anlehnung an Gesteinsschichten ist offensichtlich.

GRÖSSE JEDES EINZELNEN PANEELS: 60 x 60 CM

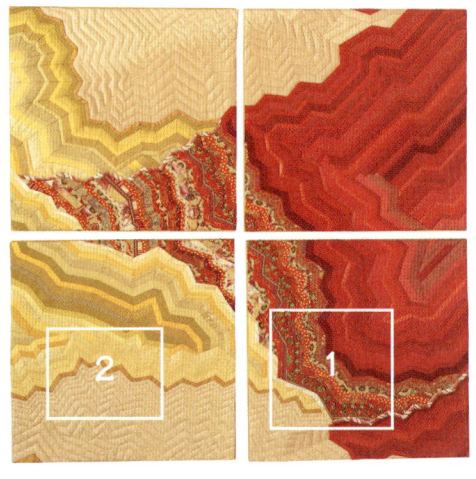

Hier folgen einige Ausschnitte, anhand derer Sie die Kombination der Stoffe, die Konstruktionstechnik und das Quilting genau studieren können – aus der Kombination all dieser Dinge entstanden schließlich die vier selbstständigen Paneele.

Ausschnitt 1: Stoffe

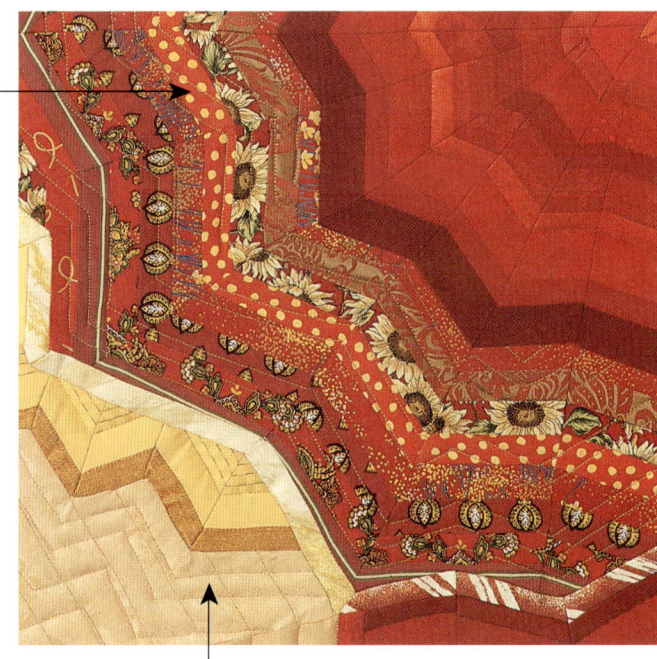

Um den sanften Übergang zwischen roten und gelben Flächen zu schaffen, wurden Stoffe mit verschieden großen Musterungen verwendet, die jedoch stets Rot und Gelb enthalten.

In den Bereichen, in denen einfarbiger Stoff verwendet wurde, erkennt man die Streifenbreiten deutlich. Bei den gemusterten Stoffen sind sie weniger klar zu sehen.

Ausschnitt 2: Oberflächenstruktur

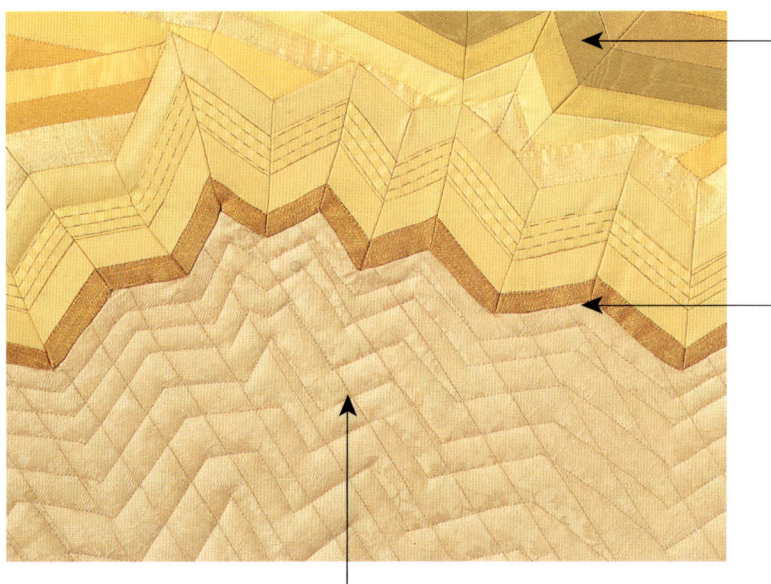

Auf den hellen Bereichen des Quilts sieht man das Quilting gut. Die schlichten Stoffe zeigen das Flachrelief der Stiche deutlich.

Das Maschinenquilting folgt dem Streifenverlauf und betont die Winkelformen des Designs.

Die Künstlerin arbeitet mit starken und weniger starken Kontrasten und erzielt damit sowohl heftige als auch feine Wirkungen.

Der Aufbau des Quilts in vier separate, aber zusammengehörige Einheiten erlaubt es, diese auf verschiedene Art zu arrangieren. Der Quilt wurde für eine Wanderausstellung der Gruppe „Quilt Art" genäht, einer Organisation von Quiltkünstlerinnen, die den modernen Quilt als innovatives Kunsthandwerk fördert mit dem Ziel, den Bedeutungswandel des Quilts vom funktionalen Gegenstand zu einem Kunstwerk, dessen Inhalt und visuelle Wirkung überwiegt, aufzuzeigen.

„Ich fand es fesselnd, daran zu arbeiten, und war ausgesprochen glücklich, als die drei verschiedenen Hängemöglichkeiten nicht nur theoretisch, sondern auch praktisch funktionierten."

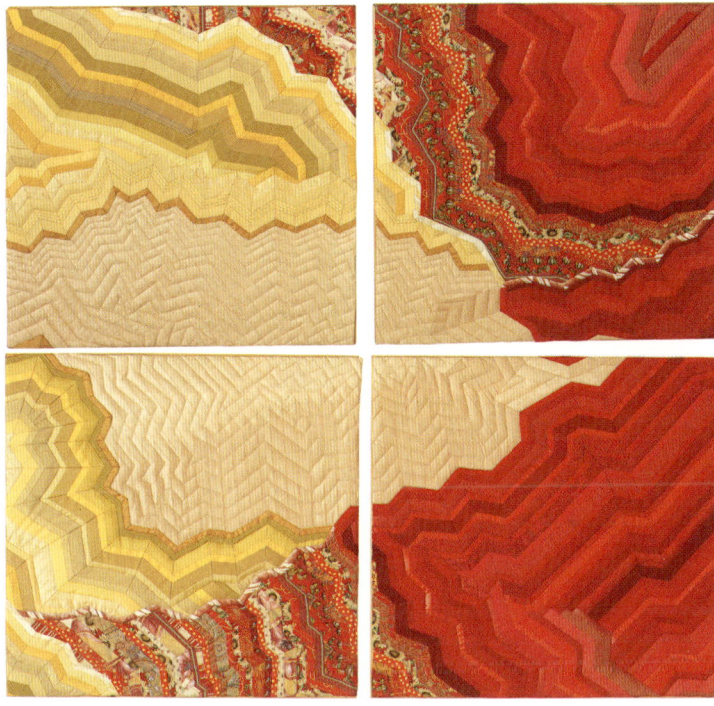

Anordnung 1: In dieser Anordnung bildet der cremefarbene Stoff die ruhige Hintergrundfläche, die die dunkelgelben, roten und gemusterten Bereiche als Hauptthema in den Vordergrund rückt.

Anordnung 2: Hier wurden die hellen Flächen zum Blickpunkt der Komposition und heben sich scharf gegen die dunklen Stoffe ab, die einen prachtvollen Hintergrund voller Bewegung und visueller Textur bilden.

Anordnung 3: Stellt man die Bilder nebeneinander, wird der Linienverlauf des Musters betont und die Ähnlichkeit mit Gesteinsschichten wird noch augenfälliger.

ROSENSPALIER

„Der Entwurf für das ‚Rosenspalier‘ entwickelte sich aus dem Experimentieren mit Crazy-Block-haus-Mustern. Ich wünschte mir ein kompliziertes Muster, an dem ich meine Nähfertigkeit testen konnte und das keine große Menge eines einzelnen Stoffes erforderte. Ich arbeitete von der Mitte des Blockes aus und wählte die Farben während der Arbeit aus. Wenn ein bestimmter Stoff ausgegangen war, wechselte ich ihn entweder komplett aus oder ich wählte eine ganz ähnliche Farbe. Ich hatte keine Ahnung, wie das Ergebnis aussehen würde. "

IRENE MACWILLIAM

Viele Quilterinnen, die die üblichen Nähtechniken von Patchwork und Quilting bereits beherrschen, suchen schwierigere Herausforderungen. Indem Irene MacWilliam Blöcke von 10 cm Größe nähte, die jeweils aus 31 Teilen bestanden, stellte sie sich wirklich selbst auf die Probe. Die Technik des Nähens auf Papier oder auf Basisstoff erleichtert das Nähen winziger Stoffteile, doch ist noch immer großes Geschick gefordert, um alles so zusammenzusetzen, dass die Spitzen genau aufeinander treffen. Hier finden sich 36 Blöcke in leuchtenden Unifarben. Immer vier Blöcke stehen sich spiegelbildlich gegenüber und bilden an den Ecken rautenförmige und sternenförmige Muster. Winzige, gefaltete Streifen in Blau definieren einige der Außenlinien und verstärken die Wirkung der Rauten und Sterne, die den Quilt durchschneiden. Das Ergebnis ist ein kaleidoskopähnliches Muster von erstaunlicher Vielschichtigkeit.

Gesamtmuster

Die Blöcke wurden Kante an Kante genäht und bilden so ein sehr komplexes Gesamtmuster. Es formen sich zahlreiche zweite Motive, und erst bei 16 Blöcken entfaltet sich ihre ganze Pracht. Der einzelne Block verliert an Bedeutung und tritt zugunsten eines Musters voller faszinierender Wiederholungen zurück. Die Farben wechseln innerhalb der Blöcke ihre Position und wandern von der Mitte zum Rand. Auch dies verstärkt die Wirkung des Gesamtbildes.

Quilting

Das Maschinenquilting umreißt die Formen, die sich aus den zusammengesetzten Blöcken ergeben haben.

Gefaltete Streifen

Gefaltete Streifen, die zwischen einigen Nähten der äußeren Segmente mitgefasst wurden, sorgen für eine deutlichere Erkennbarkeit von Stern und Raute.

Mit noch schmaleren Spitzen, noch kleineren Teilen und noch winzigeren Stichen gelang es Irene MacWilliam, so viele Details in diesen kleinen Quilt zu packen, wie man sonst nur in großen Quilts findet. Sie hat es geschafft, geeignete Techniken, wie die Papiernähtechnik und das Maschinenquilten, erfolgreich anzuwenden.

Ein dünner Nessel, Käseleinen oder dünnes Vlies als Basisstoff für die Papiernähtechnik lässt den Quilt noch etwas schwerer werden. Dennoch nutzte Irene MacWilliam die Vorteile des Nähens auf Papier, das man nach dem Abschluss der Näharbeit problemlos aus den Nähten entfernen kann.

Die Papiernähmethode ist die einzig mögliche Technik, mit der so kleine Stoffteilchen zusammengesetzt werden können. Indem man die Teile auf vorgezeichnete Linien näht, kann man in kleinem Maßstab arbeiten. Trotzdem ist das Zusammensetzen, bei dem sich alle Linien treffen sollen, noch immer eine schwierige Aufgabe.

Ausschnitt 2: Quilting

Die Quiltlinien wurden mit extra kleinem Stich genäht, mit Unter- und Oberstofftransport. Gerade Linien spiegeln die geometrischen Formen wider.

Die Linien folgen dem Umriss der Formen zwischen den Blöcken. Es ist einfacher, diese kleinen Teile mit der Maschine zu quilten als von Hand.

Ausschnitt 3: Farbverteilung

Die Farbverteilung ist nicht in allen Blöcken gleich, aber doch symmetrisch. Dies wirkt komplex und erhält die Spannung.

Alternative Blockanordnung

Durch Veränderung der Lage der Blöcke und der Farben ergibt sich ein völlig neues Bild.

Beispiel 1

Der Block wird jeweils um ein Viertel gedreht und zeigt sich in einem anderen Muster. Irene MacWilliam hat für ihren Quilt die effektivste Anordnung gewählt und hat spiegelbildliche Blöcke eingearbeitet, damit die Nähte an den Kanten spitz aufeinander zulaufen und sich zwischen den Blöcken neue Muster bilden.

Beispiel 2

In dieser Anordnung sind alle Blöcke gleich ausgerichtet. Das Muster wiederholt sich und die Spitzen an den Kanten treffen nicht aufeinander wie bei den gespiegelten Blöcken.

CRAZY-BLOCKHAUS-BLOCK

1 • Einzelner Block
Der Crazy-Block-haus-Block wird so genannt, weil er zwar von der Mitte nach außen hin wie ein Blockhaus genäht wird, aber asymmetri-sche Teile hat.

2 • Vier Blöcke zusammengestellt
Jeder Block ist um ein Viertel gedreht und gespiegelt. Die Dreiecke, die über die Ecken laufen, treffen zu einer Sternenform zusammen.

3 • Vier Blöcke anders zusammengestellt
Dieselben vier Blöcke bilden, anders angeordnet, ein ganz neues Muster.

QUILT FÜR EINE SCHWÜLE NACHT

„*Eine Herausforderung in der heutigen Welt ist es, sich Zeit für Fantasien zu nehmen, z. B. den Wolken nachzusehen und Figuren darin zu suchen. Dieser Quilt ist das Ergebnis einer schlaflosen, heißen und schwülen Nacht. Mir stellte sich die Frage: ‚Wie müsste ein Quilt für eine solche Nacht aussehen?' Die aus ungleich breiten Streifen zusammengesetzten, langen Bordüren sind mit Rollostreifen zusammengefügt, die nicht nur Luft hereinlassen, sondern auch die Schatten der Nacht vermehren.*"

ROSEMARY PENFOLD

Fünf lange Bänder aus bunten, unifarbenen und bedruckten Stoffen wurden zusammengesetzt und eingefasst. Die Streifen in unregelmäßigen Streifenbreiten sind eine Erinnerung an die früheren Restequilts. Damals entsprang die Motivation, etwas Neues zu erfinden, lediglich dem Wunsch, recht schnell eine praktische Decke zu haben. Nachdem sich Rosemary Penfold lange mit traditionellen Mustern beschäftigt hatte, wechselte sie in die Arena der modernen Quilts, indem sie Stoffbordüren und Rollobänder aneinander setzte. Die Funktion des Quilts ist in seinem Titel beschrieben, doch ist klar, dass er für die Wand gedacht ist und so dieselbe Funktion hat wie Patchwork schlechthin – nämlich praktisch und dekorativ zu sein. Mit ganz einfachen Techniken wurde eine Arbeit geschaffen, die witzig und originell ist und eine besonders breite Farbpalette aufweist.

Gesamtmuster

Unregelmäßige Stoffstreifen, mit der Nähmaschine zusammengesetzt, bilden fünf lange bunte Bordüren aus leuchtenden Druck- und Unistoffen. Die Bordüren sind schwarz eingefasst und alle 8–10 cm durch einen Rollostreifen miteinander verbunden, der eine Länge von 8 cm hat. An Ober- und Unterkante befindet sich je ein breiter, schwarzer Rand.

Stoffe

Auffallende Stoffe mit starken Kontrasten und großen Mustern, wie schwarz-weiße Streifen und Punkte, bilden zusammen mit den leuchtenden Farben und Mustern der anderen Stoffe eine Mischung von Farbwerten. Die Anordnung der Stoffe ist zufällig, und das macht es wert, noch einmal hinzusehen – von Weitem und von Nahem.

Rollostreifen

Rollostreifen sind schmale Stoffstreifen mit versäuberten Kanten. Sie verbinden die fünf langen Bordüren des Quilts und bilden, wenn sie in unregelmäßigen Abständen die Zwischenräume überbrücken und Schatten werfen, ihr eigenes Muster.

Verbindende Elemente

Das Schwarz der Einfassung, der Verbindungsstreifen und der oberen und unteren Kante hält die Sammlung von bunten Stoffen in den langen Bändern optisch zusammen und bildet ein geschlossenes Ganzes aus disparaten Elementen.

Patchworkstreifen

Die Streifen des Patchwork sind etwas unterschiedlich in der Breite, aber dies spiegelt die Zufälligkeit der Anordnung der Stoffe und der „Leitersprossen" wider.

Quilting

Gequiltet wurde von Hand und mit dickerem Garn als üblich – Perlgarn Nr. 8 –, um der Oberfläche noch mehr Struktur zu geben.

GRÖSSE: 94 x 184 CM

111

LASERSTRAHLEN

„Durch Workshops bei Nancy Crow und Aartha Greep wurde ich zu experimentellen Techniken ermutigt. Ich nähte zuerst eine Weste, doch als ich gebeten wurde, einen Kurs zu leiten, benötigte ich ein anderes Beispiel. Ein paar intensive Arbeitstage folgten, in denen ich Stoffe übereinander legte, zurechtschnitt, wieder austauschte und Streifen einsetzte – und schon war die Quiltoberseite fertig. Da war nichts geplant außer der Auswahl der Stoffe, die für eine maximale Wirkung sorgen sollten: eine Palette von Grautönen, belebt durch den Kontrast von schwarz-weißen Streifen und Karos, und bunte Blumenstoffe. “

HILARY RICHARDSON

Die Arbeitstechnik, übereinander gelegte Stoffe zu zerschneiden und neu zusammenzusetzen, ergab vier ähnliche, doch nicht genau identische, Mittelblöcke, die, jeweils um ein Viertel gedreht, zusammengenäht sind. Das Ergebnis ist sehr reizvoll, fesselt den Blick und lenkt ihn über die ganze Quiltoberfläche hinweg. Der äußere Rand setzt die Formen der Mittelblöcke fort, und eine schmale Bordüre aus schwarz-weißem Streifenstoff trennt die verschiedenen Bereiche des Quilts. Die Richtungswechsel im Patchwork und in den schmalen Streifen aus kraftvollen Farben machen den Quilt zu einem dynamischen Werk, das seinen Titel verdient. Die Oberflächenstruktur wird durch Lagen durchsichtiger Stoffe bereichert. Maschinenstickerei und Maschinenquilting heben das Muster hervor.

Gesamtmuster

Die Mitte des Quilts ist aus vier Vierteln aufgebaut, die sich wiederholende gewinkelte Formen haben. Die Aktivität im mittleren Bereich wirkt besonders stark. Die innere gestreifte Bordüre greift diese Aktivität auf, während die äußere einen beruhigenden Rahmen bildet.

Farbwerte

Drei verschiedene Grautöne bilden einen monochromen, aber lebendigen Hintergrund, der das helle Rot, das Gelb und den geblümten Stoff zum Leuchten bringt.

MEHRERE LAGEN SCHNEIDEN UND ZUSAMMENSETZEN

1 • Schneiden Sie bis zu 8 Lagen Stoff etwa 4–5 cm größer zu als der beabsichtigte fertige Block messen soll. Legen Sie die Stoffe mit der rechten Seite nach oben und bügeln Sie den ganzen Stapel. Schneiden Sie die gestapelten Quadrate mit dem Rollschneider in vier oder mehr Teile.

2 • Sortieren Sie die Teile und setzen Sie sie zu Quadraten mit neuer Farbanordnung zusammen.

3 • Nähen Sie die Teile zusammen. Die Kanten werden nicht ganz genau passen, aber das macht nichts.

4 • Schneiden Sie den Block in gewünschter Form und Größe zu.

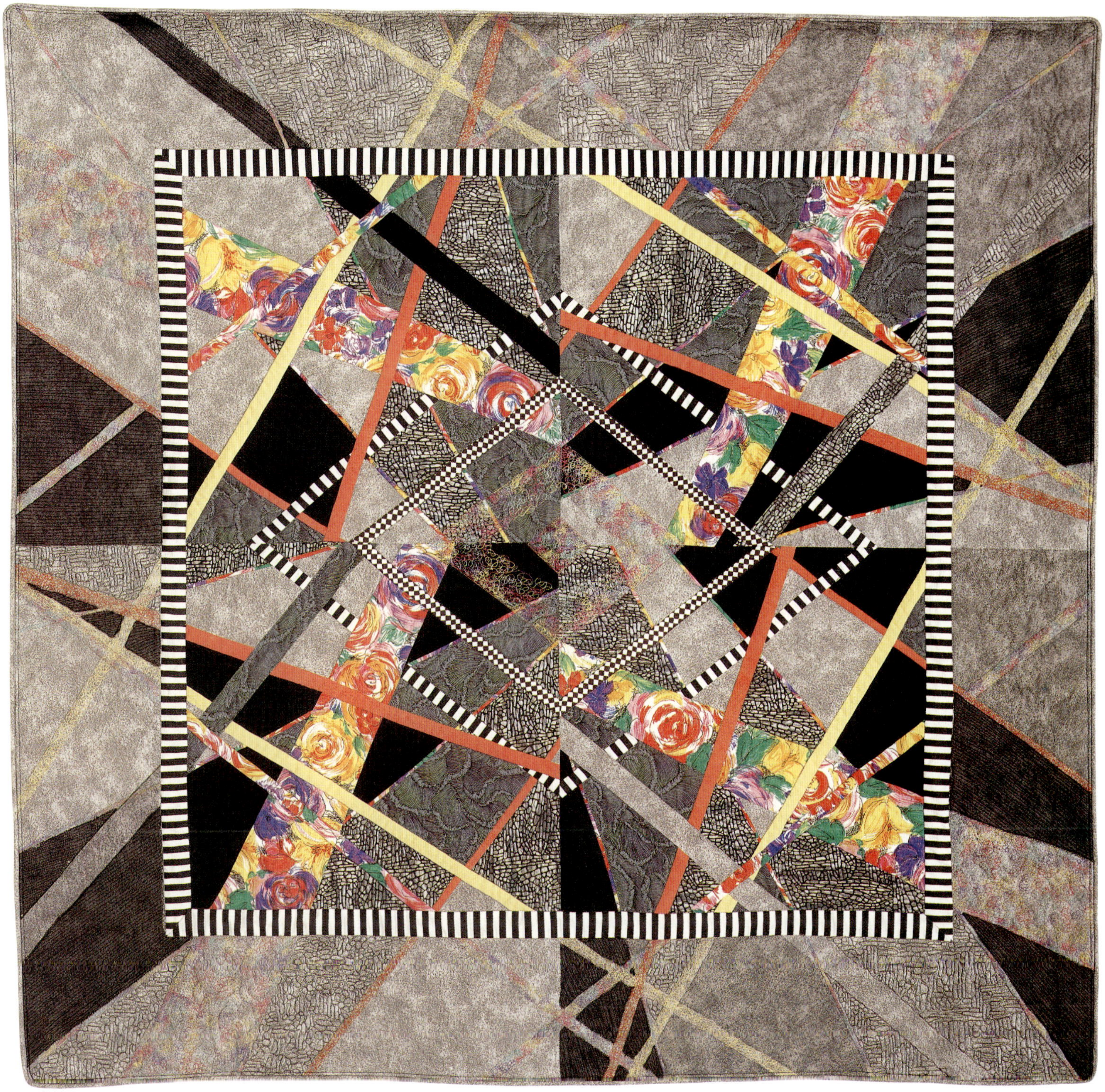

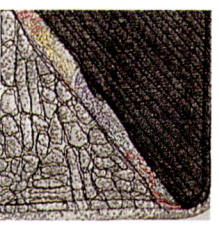

GRÖSSE: 102 x 102 CM

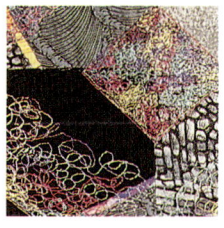

Verzierung

In der Mitte des Quilts und für die Verlängerung der Formen am Rand wurde mit Multicolor-Metallicgarnen maschinengestickt.

Überlagerung

Auf den Rändern wurden Voilé und Tüll in dieselben Formen gelegt, wie sie auch in der Mitte des Quilts vorkommen.

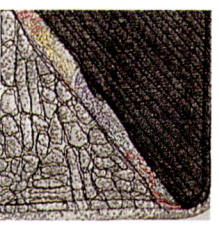

Paspel

Die äußerste Kante des Quilts ist ge-paspelt und ergibt eine klar definierte Konturlinie, die das Muster optisch zusammenhält.

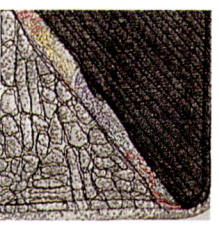

30 KREISE

„Nachdem ich 1996 die Art-Quilt-Ausstellung ,Visions' in San Diego besucht hatte, wurde mir klar, dass Patchwork zwei meiner Leidenschaften und Stärken auf natürliche Weise verbindet. Ich erkannte, dass der Quilt das richtige Medium ist, um mich künstlerisch auszudrücken. Wegen ihrer Flexibilität, Oberfläche und Bewegung sprechen mich Stoff und Faden mehr an als Künstlerfarben. So verwandelt sich meine Liebe zu Stoffen, Farbe und grafischen Mustern in etwas, das in der Kunstwelt als Art-Quilt akzeptiert ist."

CAROL SCHEPPS

D ieser farbenfrohe Quilt stellt Kreise dar – universelle Symbole für Ewigkeit und Gesundheit. Vier verschieden große Kreise sitzen auf Stoffquadraten, die in einem Raster angeordnet sind. Die Kreise sind wie zufällig geschnitten und wirken bewegt und spontan. Die Oberflächenbearbeitung führt zu interessanten Details und Farbkontrasten. Die Idee kam Carol Schepps, als sie die Stoffe auf ihrem Arbeitstisch stapelte. Sie begann, die Stapel in verschiedene Gruppen zu sortieren. Carol Schepps sagt dazu: „Eines ergab das andere, und ich schnitt ein paar Kreise zu. Als sie sortiert und fertig zum Quilten vor mir lagen, enthüllte jeder von ihnen eine wundervolle Überraschung." Es findet sich eine farbige Intensität in jeder der Kompositionen, und weil sie sich gegenseitig beeinflussen, wird der visuelle Eindruck zu maximaler Wirkung gesteigert.

Gesamtmuster

30 Quadrate in verschiedenen Farbtönen, auf die jeweils eine Komposition von vier Kreisen genäht wurde, bilden den Hintergrund. Die Kreise wurden freihand geschnitten und dann übereinander gelegt. Die Komposition und die Farbkombination jeder Gruppe ist verschieden. Durch die formale, gleichmäßige Anordnung der Quadrate wird die Spontaneität der Kreiskompositionen einer geordneten Struktur unterworfen.

Konstruktion der Kreise

Die Kreise wurden mit Klebevlies aufeinander appliziert und dann auf den Hintergrundstoff gebügelt. Jeder von ihnen hat, bedingt durch die spezifische Farbkombination und Oberflächenstruktur, seine eigene „Persönlichkeit".

Quilting

Das Maschinenquilting folgt den Konturen der Kreise; die Fadenfarbe kontrastiert oder verschmilzt mit dem Stoff und bringt zusätzliche Farbdetails ins Spiel.

Hintergrundquadrate

Die dunklen, in einem Raster angeordneten Hintergrundquadrate bilden eine Präsentationsfläche für die vielfältigen applizierten Kreise.

Farbstudie

Gelb ist eine Schlüsselfarbe und bringt Leuchtkraft. Die gelben Flächen sind strategisch ausgewogen verteilt, brechen die Symmetrie des Hintergrundrasters und lenken das Auge über die Oberfläche.

EIN TOLLER WURF

„1998 begann ich, Kaleidoskopmuster zu studieren. Zur gleichen Zeit entwarf ich einen Quilt für eine Ausstellung zum Thema Kricket auf dem ‚Lord's Cricket Ground' in London. Die Bewegung des rollenden Balles war der Ausgangspunkt für diesen Quilt, und die sechs gleichseitigen Dreiecke stellen die Verbindung zu dem Kricketbegriff ‚Hit for Six' her. Ich zeichnete ein gleichseitiges Dreieck, das sechsmal wiederholt wurde. Die Kurvenlinien in den Dreiecken und die ‚Fliegenden Gänse' bringen viel Bewegung. Ich liebe die Regeln und die ‚ordentliche' Seite des Patchworkens – Nähte, die passen, und Spitzen, die sich treffen – und setze mit meiner Spontaneität und meiner Farbauswahl ein Gegengewicht."

ANJA TOWNROW

D er Eindruck einer wirbelnden Bewegung, hervorgerufen durch die Kurven und Spiralen, wird vom mutigen Einsatz der leuchtenden Farben unterstützt. Unterdessen sind alle einzelnen Komponenten des Quilts ausgewogen, und das daraus resultierende Ganze wird durch die gestreiften Stoffränder zusammengehalten. Die Konstruktion eines solchen Quilts hat ihre technischen Schwierigkeiten: Geschwungene Nähte erfordern viel Geschick. Aber die größte Leistung liegt in der Tatsache, dass beim Anblick des Quilts das gelungene Design ins Auge springt und nicht die technische Ausführung, auf die unsereins so sehr fixiert ist.

Gesamtmuster

Der erste Eindruck der in Kurven fliegenden „Gänse" wird durch weitere sich scheinbar im Kreise drehende Elemente verstärkt. Die großen runden Motive, die aus den schrägen Nähten des Quilts entspringen, und die kleinen Motive, die überall verstreut sind, bringen das Bild in optische Bewegung. Die farbige Intensität der Stoffe lässt die Komposition vor Farbe nur so sprühen.

Papiernähtechnik

Anja Townrow nähte ihr Design in Papiernähtechnik, um der asymmetrischen Bahn der dreieckigen „Fliegenden Gänse" in den gebogenen Streifen akkurat folgen zu können.

Reversapplikation

Nach dem Zusammensetzen der sechs großen Patchworkdreiecke, die den Quilt bilden, applizierte Anja Townrow die großen Spiralen mit Metallicgarn. Damit die Spiralen deutlich hervorkommen, wurde orangefarbener Stoff unterlegt.

Quilting

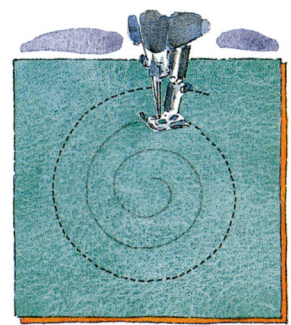

Die drei Lagen des Quilts wurden zuerst in den Nähten gequiltet. Danach verzierte Anja Townrow die Oberfläche und quiltete mit verschiedenen Metallicfäden und unsichtbarem Nylongarn. Dafür nahm sie den Oberstofftransport der Nähmaschine zu Hilfe.

SPIRALEN IN REVERSAPPLIKATION

1 • Legen Sie zwei Stoffe mit den rechten Seiten nach oben. Bügeln Sie sie aufeinander. Zeichnen Sie eine Spirale auf den Stoff. Nähen Sie entlang der Linie, von innen nach außen. Die Nählinien sollten 1,5 cm voneinander entfernt liegen.

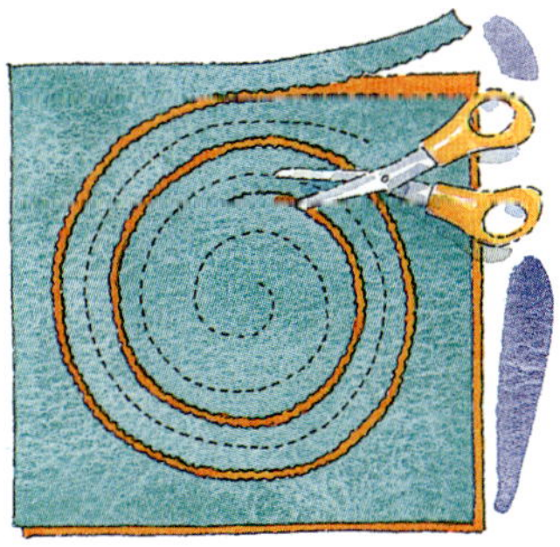

2 • Schneiden Sie in den oberen Stoff eine schmale Spur zwischen den Nählinien und um den äußeren Kreis.

3 • Bürsten Sie den oberen Stoff mit einer Nagelbürste, damit die Kanten ausfransen. Solche Spiralen in Reversapplikation können in jeder Größe hergestellt werden und entweder in ein Patchwork eingearbeitet oder auf die Oberseite appliziert werden.

Persische Applikation

Dafür werden Motive aus einem Stoff herausgeschnitten und auf den Hintergrund appliziert. Hier sind es ausgeschnittene kleine Spiralen, die wie zufällig auf dem Quilt verteilt sind.

WEITER HIMMEL 4: DIE LANDUNG

„Dieses Stück ist das vierte einer Serie, das die handgefärbten Stoffe mit weichen Farbabstufungen aus der Kollektion ‚Schatten' von Stacy Michell verarbeitet. Das grobe Quilting ist eine Art modernes Handquilting (Bigstitching), das sich aus der Kombination von japanischem Sashiko und walisischem Gebrauchsquilting entwickelt hat. Die Farbverläufe in entgegengesetzten Richtungen stellen die gegensätzlichen Kräfte dar, die uns beeinflussen, und das Gleichgewicht, das irgendwo dazwischen liegt."

JO WALTERS

Inspiration

Montana nennt man auch „Land des weiten Himmels". Dieser Name war für Jo Walters Serie „Weiter Himmel" ausschlaggebend, denn sie träumt davon, eines Tages in einem solchen Land zu leben.

In dieser verschmitzten Interpretation eines UFO-Themas wurde der traditionelle Block „Vögel in der Luft" (Birds in the Air) in einem Streifen angeordnet. Die Blockstreifen sind durch breite Bahnen aus farblich abgestuften Stoffen getrennt, die durch zusätzliches Übermalen den gewünschten Effekt erhielten. Die Farben verlaufen in entgegengesetzten Richtungen vertikal; die eingeschränkte Farbpalette reicht von Ocker bis Blaugrau. Jo Walters hat viele Stilrichtungen studiert, bevor sie ihre eigenen Handquilting-Methoden entwickelte. Sie wollte die Stiche maximal zur Geltung bringen und dabei den Quiltvorgang mit dickem Garn und großen Stichen beschleunigen. In den Patchworkstreifen folgen die Quiltstiche den Konturen der Blöcke, während in den Zwischenstreifen mehrere frei gezeichnete Muster gearbeitet wurden, die von traditionellen walisischen und nordischen Quilts abgeleitet sind und eine interessante Oberfläche bilden.

Stoff färben

Die Stoffe wurden bemalt, überfärbt und wieder entfärbt, um diese weiche Abstufung der Farben zu erhalten, die eine naturalistische Wiedergabe der Himmelslandschaft ermöglicht.

Gesamtmuster

Vier senkrechte Bordüren von traditionellen Birds-in-the-Air-Blöcken stehen zwischen breiten Streifen, die von Hell nach Dunkel verlaufen. Die Quiltmuster folgen dem länglichen Format und überlappen gelegentlich die Grenzen zwischen den Streifen.

Quilting

Das Quilting mit großen Stichen zeigt Muster wie „Walisischer Lorbeer" und „Nordland" sowie frei gezeichnete Zopfmuster. Es wurden sechs verschiedene Garnfarben verwendet.

Patchworkblock

Ein traditioneller Birds-in-the-Air-Block wurde auf die Spitze gestellt und sieht so aus, als würde er in Lichtbahnen herabschweben.

GRÖSSE: 157 x 160 CM

VERWANDTE STIMMUNGEN 1–5

„Während einer Reise nach Amerika sah ich im Alter von 16 Jahren meinen ersten Quilt. Ich war fasziniert davon, was man mit Stoff machen kann, mit der Farbkombination und den Strukturen, die durch das Quilten entstehen. Als ich begann, Quilts zu nähen, war mir klar, dass dieses Medium zum Erschaffen von Bildern sehr geeignet ist. Der Prozess der Quiltherstellung ist immer eine neue Herausforderung. Und es ist jedes Mal ein ganz besonderes Gefühl, das sichtbare, fertige Produkt in Händen zu halten.“

CHARLOTTE YDE

erwandte Stimmungen 1–5" sind Teil einer Serie von langen schmalen Paneelen, in denen experimentelle Techniken wie das freie Schneiden, Übereinanderschichten und Aufschlitzen von Stoffen mit Maschinen- und Handquilting kombiniert werden. Die Serie basiert auf der Idee, dass Dinge zwar verwandt sind, aber doch eine Eigenständigkeit behalten. Die erste Serie „Persönlichkeiten 1–4" gewann den ersten Preis der Ersten Europäischen Quilt Triennale. Charlotte Yde drückt ihre Ideen in abstraktem Symbolismus aus. Regelmäßige Gitter und Muster stehen neben organischen Formen und Oberflächen in einer engen Farbpalette von Rot, Grau und Ocker. Jedes der Elemente folgt dem gleichen Prinzip: Ein einzelnes Zeichen im oberen Teil ist vom unteren Teil abgesetzt, doch weist jedes Element eine Art rhythmische Wiederholung auf. Jedes ist anders, wirkt auf die anderen Teile ein und verstärkt das Interesse für die Kollektion als Ganzes.

Gesamtmuster

Jedes der fünf einzelnen, abstrakten Elemente könnte für sich allein stehen, doch wenn man das gesamte Werk sieht, ist man von den Ähnlichkeiten und Unterschieden gefesselt. Einfache Formen wie Kreuze und Gitter stehen organischen Formen gegenüber, die an Wolken oder Wellen erinnern. Maschinenquilten wurde mit Handquilten kombiniert. Ein weiterer wichtiger Aspekt in Quilts von Charlotte Yde ist der reliefartige Effekt des Quilting.

Geschlitzte Stoffe

Die Oberflächen der schmalen Paneele wurden aus mehreren Stoffschichten gestaltet. Es wurden Stoffe aufeinander gestapelt und Linien abgesteppt, sodass sich Kanäle bildeten, die dann aufgeschnitten wurden, um die unteren Stoffschichten sichtbar zu machen.

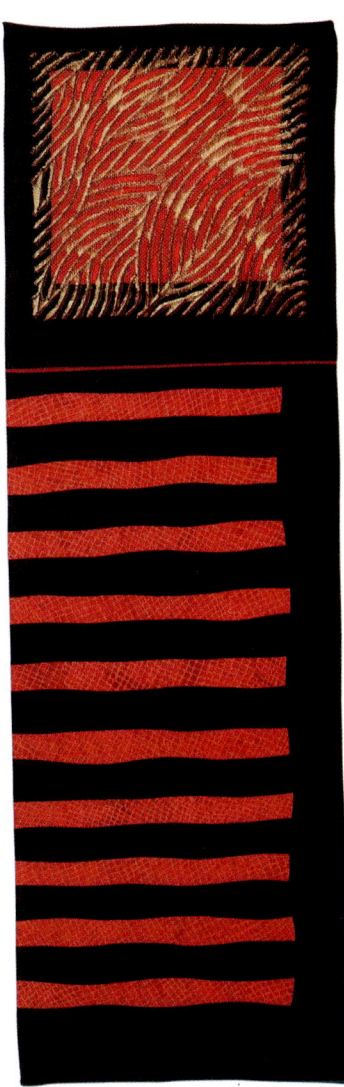

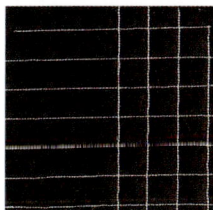

Quilting

Die gequilteten Git-
terlinien wurden mit
der Maschine von der
Rückseite des Quilts
her genäht, wobei ein
dickes Garn um die
Unterfadenspule ge-
wickelt wurde. So fal-
len die Quiltlinien
besser auf.

Freies Schneiden

Um die leichten Kur-
ven zu erzielen, wur-
den die Stoffe so
gelegt, dass sich die
Stoffkanten über-
lappten. Dann wurden
die zwei Stofflagen
gleichzeitig durchge-
schnitten und die
Teile aneinander
genäht. So passen
die geschwungenen
Kanten genau
ineinander.

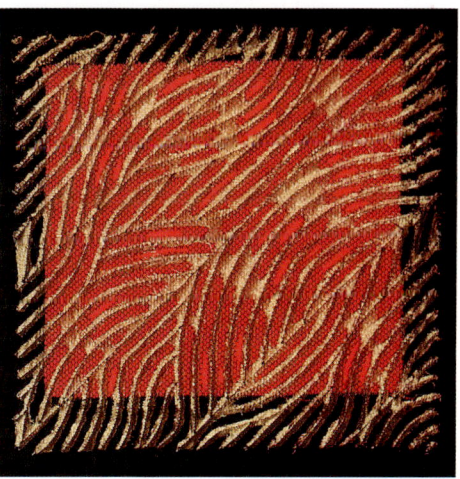

Farbstudie

Eine eingeschränkte Farbpalette eint die
Vielfalt der Zeichen und Muster. Schwarz und
Rot bilden den Kontrapunkt. Zusätzlich finden
sich Details in Grau, Weiß und Ocker.

GRÖSSE: VIER PANEELE
VON 36 CM BREITE,
EINES VON 120 CM
BREITE. ALLE PANEELE
SIND 114 CM HOCH.

VERZIERT UND AUSGESCHMÜCKT

◆

DIE FÜHLBAREN EIGENSCHAFTEN DER TEXTILEN OBERFLÄCHEN, DIE SO VIEL VOM REIZ EINES QUILTS AUSMACHEN, WERDEN IN DIESEM KAPITEL BEHANDELT. NEUARTIGE TECHNIKEN DER STOFFBEARBEITUNG WIE DAS ORIGAMI UND DIE AUSGEFRANSTE APPLIKATION, KOMBINIERT MIT DEKORATIVEM FÄRBEN, BEMALEN, BEDRUCKEN UND STICKEREI, ERGEBEN UNWIDERSTEHLICHE OBERFLÄCHEN. DIE GRENZEN ZWISCHEN QUILTING UND STICKEREI, WEBEN UND PATCHWORK VERSCHWIMMEN. DIESE QUILTS ZEIGEN DIE AKTUELLEN TRENDS BEI DEN ART-QUILTS: REICHHALTIGE TEXTUREN UND WUNDERBARE VERZIERUNGEN.

DIE BERGE ARIZONAS

„In meinen Quilts vereinen sich die Liebe zu Kunst, Stoff und Natur. Eine Frühjahrsreise in die Berge und Wüsten Arizonas war die Inspirationsquelle für diesen Quilt. Ich war von den blühenden Kakteen und Wildblumen entzückt. Das Land war von vielen Vögeln bevölkert, doch den Gila-Specht fand ich am intererssantesten. Der schöne rote Fels in verschiedenen Formationen war so faszinierend, dass ich nur dasaß und die Berge betrachtete."

GINNY ECKLEY

Im Lauf der Jahre hat Ginny Eckley eine eigene Technik für ihre Textilkunst entwickelt. Sie kombiniert die Kunst der Seidenmalerei mit experimenteller Oberflächengestaltung. Der Berghintergrund wurde in einzelnen Schritten geschaffen: Ein 23 mm großer Seidenkrepp ergab die weiche, körnige Textur der Berge, und ihre sanfte Farbe wurde durch mehrfaches Auswaschen mit Braun erreicht. Die Risse und Spalten der Felsen wurden mit Airbrush über die gerissenen Kanten von Karton gesprüht. Um den dunkleren Bereich der Felsen zu gestalten, wurde die Seide von der Rückseite her mit schwarzer Farbe auf Plastikfolie gefärbt. Die Seide nahm die Farbe an, die sich in den Falten des zerknüllten Plastiks gesammelt hatte. Dies ergab die kantigen Linien. Da die erste Schicht transparent ausgewaschen war, schimmert das Schwarz durch. Die Tiefenwirkung wird durch den vorderen und linken breiten Rand hergestellt. Dieser Vordergrund weist mehr Einzelheiten und hellere Farben auf.

Gesamtmuster

Indem Techniken und Materialien auf neuartige Weise benutzt wurden, entstand die naturalistische Darstellung einer zu jeder Zeit schönen Landschaft. Blumen und Blattwerk im Vordergrund umrahmen die Komposition einer grandiosen Bergkulisse.

Der Kaktus

Der Kaktus, die auffallendste Figur des Vordergrundes, steht im Profil vor einem tiefblauen Himmel, zieht den Blick auf sich und schafft Interesse für weitere Details, wie die Vögel, die im Blattwerk verborgen sind.

Ausschnitt 1: Farbstudie

Die Details des ausgewaschenen Hintergrundes wurden durch Airbrush- und Schablonentechnik herausgearbeitet.

Der Kontrast zwischen den feinen Details im Rand und der unregelmäßigen Fläche der Berge ist in diesen Ausschnitten gut zu erkennen.

Die eingeschränkte Palette der Erdfarben in den Bergen bildet ein Gegengewicht zu den naturalistischen Blumen und Pflanzen in hellen Farben und Rot, die im breiten unteren und linken Rand zu sehen sind.

Ausschnitt 2: Stoff bemalen

Das Schönste an der Seidenmalerei sind die leuchtenden Farben auf der schimmernden Seidenoberfläche.

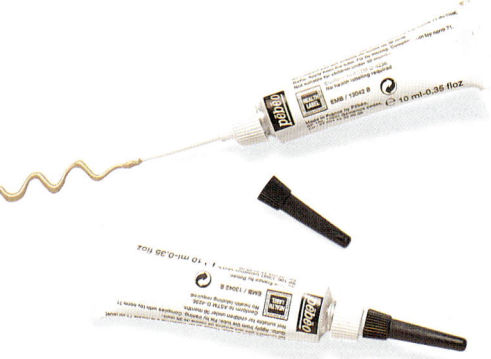

Gutta

Linien aus Guttalösung verhindern, dass die Farben aus verschiedenen Flächen ineinander fließen. Jede Lücke in einer Guttalinie lässt die Farben von einem Feld ins andere laufen. Gutta gibt es transparent, farbig oder golden. Es ist ein charakteristisches Element eines Seiden- bildes. Wasserlösliches Gutta kann mit kaltem Wasser ausgewaschen werden.

Die spitzen Stacheln des Kaktus wurden mit Stoffmalstiften und Leuchtfarbe gemalt.

Ausschnitt 3: Der Vordergrund

Nachdem die Blumen auf den Vordergrund gezeichnet waren, zog Ginny Eckley die Umrisse mit einer wasserunlöslichen Substanz aus einem Applikator mit feiner Spitze nach. Dann malte sie die Blumen mit Seidenfarbe aus. Weitere Details wurden mit leuchtenden Seidenfäden ausgestickt.

Die Größe und die Details des Vordergrundes schaffen die Illusion der Entfernung zum Rest des Bildes und geben den Bergen etwas Monumentales.

MALEN AUF SEIDE

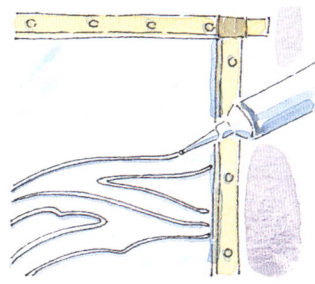

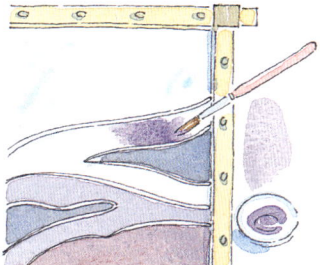

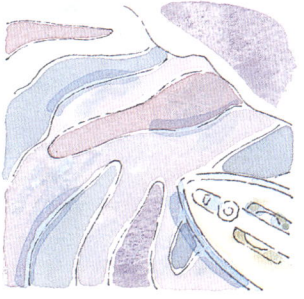

1 • Die Seide sollte vorgewaschen sein. Seiden gibt es in verschiedenen Gewichten und Oberflächen. Welche Sie benutzen, wird das Ergebnis beeinflussen. Spannen Sie die Seide straff auf einen Stickrahmen oder einen Seidenmalrahmen. Arbeiten Sie mit Farben auf Wasserbasis, die untereinander mischbar sind und mit dem Bügeleisen fixiert werden können.

2 • Zeichnen Sie die Umrisse des Musters mit Gutta auf die Seide. Setzen Sie die Applikatorspitze auf die Tube oder benutzen Sie einen Pinsel. Die Linien sollten gleichmäßig und durchgehend sein. Lassen Sie sie trocknen.

3 • Mischen Sie die Farben auf einer Palette an oder benutzen Sie sie pur. Benetzen Sie ein von Gutta eingerahmtes Feld an einer Ecke und lassen Sie die Farbe an der Linie entlang fließen.

4 • Wenn die Farbe trocken ist, fixieren Sie sie, indem Sie mit dem auf „Baumwolle" eingestellten Bügeleisen von der Rückseite her zwei Minuten lang darüber bügeln. Halten Sie das Bügeleisen ständig in Bewegung.

Seidenmalerei

Die Seidenmaltechnik ist ideal zum Experimentieren. Die kräftigen Farben und der Glanz der Seide ergeben die charakteristische Leuchtkraft. Wenn das Bild weicher aussehen soll, besprühen Sie den Stoff vor dem Bemalen. Gesprenkelte Muster erhalten Sie durch das Bestreuen der noch feuchten Farben mit Salz. Waschen Sie Salzreste nach dem Fixieren mit Wasser aus. Zum Schluss probieren Sie noch das Farbenmischen direkt auf der Seide.

IKAT QUILT/RHYTHMUS II

*„Als deutsche Quilterin genieße ich große Frei-
heit. Hier in Deutschland ist die Gruppe der
Patchworkerinnen noch relativ klein, und es gibt
keine traditionell begründeten Grenzen. Ich erlernte die Techniken nach und nach, indem ich
herumprobierte und aus Fehlern lernte. Von Anfang an färbte ich meine Stoffe selbst. Vor einigen
Jahren entdeckte ich den Reiz der Rückseite, auf
der sichtbare Nähte und unsichtbares Quilting
eine dreidimensionale Oberfläche bilden. Dies ist
der zweite in einer Serie von drei Quilts."*

INGE HUEBER

Inge Hueber ist Gründungsmitglied von
„Quilt Art", einer Gruppe von Quilterinnen, die es sich zur Aufgabe gemacht hat,
dem Medium Quilt einen neuen Stellenwert
zu geben und ihn vom Gebrauchsgegen-
stand zum Kunstwerk zu erheben. „Ikat
Quilt/Rhythmus II" ehrt eine andere textile
Technik: eine dekorative Webart, bei der die
Kettfäden noch vor dem Weben abgebunden
und eingefärbt werden. Dadurch bekommen
die Ikatmuster ihre weichen Konturen. Bei
diesem Quilt formt sich ein komplexes
Muster aus elf regenbogenfarbenen Streifen.
Wie bei der charakteristischen Ikatweberei
verschwimmen die harten Konturen der
Farbzonen. Inge Hueber sagt dazu: „Ich mag
den Kontrast zwischen einem strengen Kon-
zept und einem fließenden Ergebnis. Auf der
einen Seite ist der Quilt etwas Technisches,
das handwerkliches Können verlangt, auf der
anderen Seite drückt er Gefühle aus."

Gesamtmuster

Der Quilt ist eine
Hommage an die
Ikatweberei. Obwohl
es sich hier um eine
ständig wieder-
kehrende Sequenz
von farbigen Quadra-
ten auf naturweißem
Hintergrund handelt,
gibt es kleine Abwei-
chungen. Das Inter-
esse entsteht da-
durch, dass das
Auge die Reihenfolge
und das Muster zu
finden versucht. Die
Oberfläche ist durch
die sichtbaren Nähte
gestaltet. Vor die-
sem Quilt kann man
sehr lange stehen
bleiben, um das kom-
plexe Muster zu be-
trachten.

Arbeitsmethode

Inge Hueber arbeitet direkt in Stoff, ohne Vorentwurf. „Ich denke mir alles im Kopf aus und stelle es mir vor, bevor ich den Stoff zuschneide. Dann bin ich selbst neugierig, wie die Idee in Wirklichkeit aussieht", sagt sie dazu.

Roter Stoff

Der rote Stoff ist der Schlüssel zum Design, denn er ist für das Auge am besten wahrnehmbar und bietet dem Betrachter ein Muster an.

GRÖSSE: 201 x 198 CM

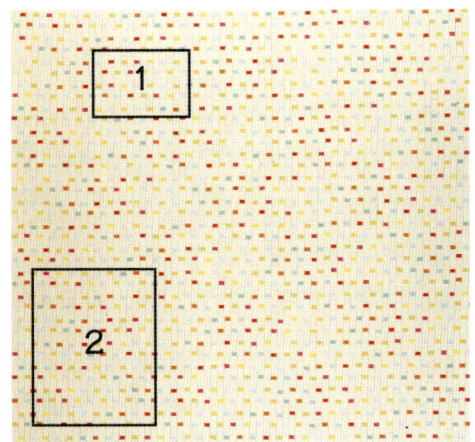

Die Komposition und die Arbeitstechnik von Inge Huebers Quilt ist eine nähere Betrachtung wert. Die Wirkung des Designs wird durch die Oberflächentextur ergänzt, die durch Patchwork und Quilting entstand.

Ausschnitt 1: Quilting

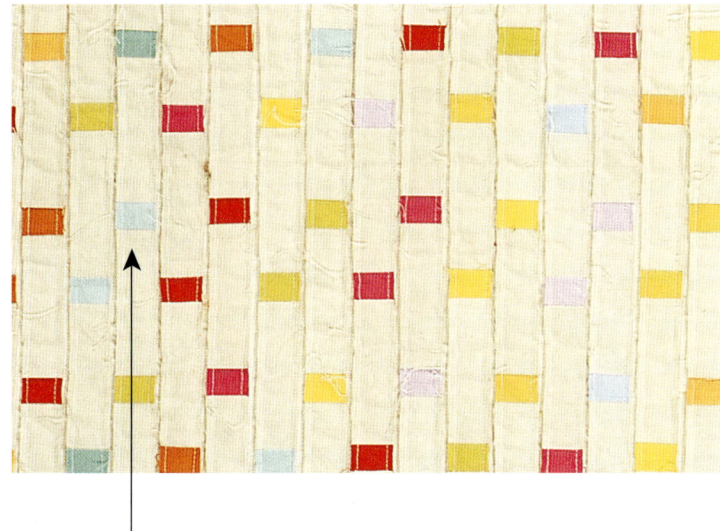

Inge Hueber stellt die Vorstellung von unsichtbaren Nähten und sichtbarem Quilting einfach auf den Kopf. In ihrer Arbeit ist es wichtig, dass man die Nähte sieht und das Maschinenquilting unsichtbar ist.

Ausschnitt 2: Streifenpatchwork

Nachdem die Streifen zusammengenäht sind, werden die Abschnitte ausgebreitet, um die Wirkung prüfen zu können. Die Lage der farbigen Teile zueinander und die Muster, die sie bilden, bestimmen das Design.

Das Muster entsteht durch die Farbwiederholung und die immer gleiche Breite der naturfarbenen und der farbigen Streifen. Um das Muster gleichmäßig zu halten, waren Präzision und Sorgfalt gefragt – sowohl beim Streifenschneiden als auch beim Zusammensetzen.

Bei der Arbeit

Mehrere Folgen von elf schmalen Streifen in verschiedenen Farben, die jeweils durch einen breiteren naturfarbenen Streifen voneinander getrennt waren, wurden aneinander genäht. Dieser Streifenstoff wurde anschließend in schmale Streifen geschnitten, die danach wieder fortlaufend aneinander gelegt wurden, bis die gewünschte Quiltgröße erreicht war. So ergibt sich „ganz von allein" ein rhythmisches Muster, ähnlich wie bei einem Ikat-Gewebe.

Wenn Sie vergeblich nach Stoff in einer bestimmten Farbe suchen oder wenn Sie eine Zweicolor-Färbung benötigen, ist das Selbstfärben vielleicht die Lösung. Sie können auch mit einfachen Mustern in Reservetechnik experimentieren.

Zum Handfärben benötigen Sie folgende Ausrüstung: flache Plastikschüsseln, z.B. große Eiscremepackungen, Plastikflaschen, Messbecher, Einmachgläser, Tassen und Löffel. Benutzen Sie diese Gegenstände ausschließlich zum Färben, da die Farben gesundheitsschädlich sind. Außerdem brauchen Sie: Kochsalz, Sodaasche (wasserfreies Natriumkarbonat), fließendes Wasser, Gummihandschuhe und eine Staubmaske.

1 • Zum Färben eines einfarbigen Stoffes mischen Sie die Farblösung nach Gebrauchsanweisung des Herstellers. Befeuchten Sie den Stoff und legen Sie ihn in die Farblösung. Ist eine gleichmäßige Flächenfärbung gewünscht, bewegen Sie den Stoff in der Lösung. Bei kleineren Stoffteilen füllen Sie eine stabile Plastiktüte mit Farblösung, legen die Stoffstücke hinein und verschließen die Tüte. So können die Stoffe bewegt werden, ohne Farbe zu verschütten. Fixieren Sie die Farbe nach Gebrauchsanweisung und spülen Sie die Stoffe gründlich aus.

2 • Für eine einfache Multicolor-Färbung legen Sie den Stoff in eine flache Schüssel und geben 1–2 Löffel Farbe darüber. Damit die Farben nicht zu sehr ineinander laufen, dürfen Sie die Stoffe während der Färbezeit nicht bewegen. Dann fixieren und spülen Sie sie. Sind die Farben zu kräftig, können sie verdünnt werden.

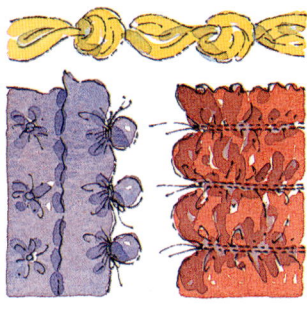

3 • Einfache Reservetechniken ergeben schöne Stoffmuster. Schlingen Sie Knoten in den Stoff oder binden Sie mit einer feinen Schnur kleine Noppen ab. Raffen Sie den Stoff mit Vorstichen zu Falten oder binden Sie ihn in Abständen ab. Das Muster der Stiche oder Bindestellen bleibt nach dem Färben sichtbar, da sich dort keine Farblösung ausbreitet. Wenn Ihnen das erste Resultat nicht gefallen hat, können Sie den Stoff erneut überfärben.

Farben

Faserbindende, kalt färbende Farben, die reine, leuchtende Farbtöne ergeben, erhalten Sie in Geschäften für Bastel- oder Künstlerbedarf. Es gibt auch Versandfirmen, die sich auf Stofffarben spezialisiert haben.

Welche Farben Sie auch wählen, es wird eine Gebrauchsanweisung mitgeliefert werden, die erklärt, wie Sie vorgehen müssen.

Stoffe

Die Fasern reagieren unterschiedlich mit den Farben. Sie sollten mit verschiedenen Stoffen experimentieren. 100 % gebleichte oder ungebleichte Baumwolle ist für den Anfang gut geeignet. Es können auch Druckstoffe überfärbt werden. Waschen Sie alle Stoffe vor. Stücke von einem halben bis einem Meter sind ideal.

Farbstudie

Inge Hueber hat für diesen Quilt elf Farben in Regenbogenfolge ausgewählt.

STEINWURF

„Es ist die Freude daran, verschiedene Stoffe zu einem neuen Design zusammenzusetzen, die mich veranlasst, Quilts zu nähen. Ich genieße alle Aspekte des Handwerks – die Hand- und die Maschinenarbeit –, aber ganz besonders genieße ich es, den Quilt aus tausenden von winzigen Detailentscheidungen heraus wachsen zu sehen. Ich arbeite direkt mit den Stoffen auf einer senkrechten Entwurfswand und gehe von einer Grundidee aus, die sich sehr oft ändert und im gleichen Maße Gestalt annimmt wie der Quilt. "

SARA IMPEY

Das „Kirchenfenster" ist eine Technik, bei der Stoff so gefaltet wird, dass kleine, mandelförmige Fenster den darunter befindlichen Stoff freilegen. Mit diesem Quilt verließ Sara Impey die traditionelle Gitteranordnung. Der hier gezeigte Typus des „Kirchenfensters" ist eine Form des Patchworks, die man auch als „Geheimer Garten" kennt. Der Stoff des Hintergrundes ist Baumwollbatist, der von Sara Impey geknüllt und gefärbt wurde und daher seine lebendige Oberfläche hat. Die Stoffe für die einzelnen Kirchenfenster wurden gesprenkelt gefärbt, indem trockenes Farbpulver auf feuchten Stoff gestäubt wurde. Die Farben reichen von leuchtendem Gelb bis ins Bläuliche und erinnern an Wellen. Die strahlenförmigen Linien verleihen dem Quilt Tiefe und bilden den perfekten Ausgleich zu den feinen Farbabstufungen der handgefärbten Stoffe.

Gesamtmuster

Die applizierten Einheiten strahlen von einem etwas aus dem Mittelpunkt gerückten Zentrum aus. Dieses zieht den Blick als Erstes auf sich. Aber dann wird die Aufmerksamkeit des Betrachters von den strahlenförmigen Linien und den Kreisen gefangen genommen, die aus dem leuchtenden Zentrum heraus nach außen führen.

Inspiration

Verwitterte Flechten auf Stein inspirierten zu dem Design und den Farben dieses Quilts, der zu einer ganzen Serie in denselben Farben gehört.

Quiltmitte

Dies ist die Nahansicht des Zentrums. Sie zeigt deutlich die präzise Anordnung der Kirchenfenstereinheiten und die feine Farbabstufung der handgefärbten Stoffe.

Hier sehen Sie besonders interessante Ausschnitte mit mehr Details des Patchworkhintergrundes, der Kirchenfenstereinheiten, des Quiltings, der zarten Textur und der feinen Farbabstufungen.

15 cm große Quadrate, mit der Maschine zusammengesetzt, bilden den Hintergrund. Die Knitterfärbung des Hintergrundstoffes kontrastiert mit den gesprenkelten Stoffen der applizierten Einheiten.

Ausschnitt 1: Patchworkhintergrund

Die zarten Farbvariationen, die sich aus diesen Handfärbetechniken ergeben, werden durch das Falten und Umnähen der Kirchenfenstertechnik hervorgehoben.

Ausschnitt 2: Handquilting

Sara Impey quiltete von Hand um jede Einheit und fügte dann Linien hinzu, die sich, vom Zentrum ausgehend, strahlenförmig ausbreiten und zwischen den Kirchenfenstereinheiten verlaufen.

Hand- und Maschinennähen

Außer dem gepatchten Hintergrund und der Naht an der Einfassung ist der gesamte Quilt von Hand genäht.

VARIATIONEN DES „KIRCHENFENSTERS"

Die Grundquadrate für das „Kirchenfenster" können auf verschiedene Arten gefaltet werden. In diesen beiden Blöcken wird nicht der sonst übliche Kontraststoff verwendet. Das dekorative Element liegt allein beim gefalteten Stoff.

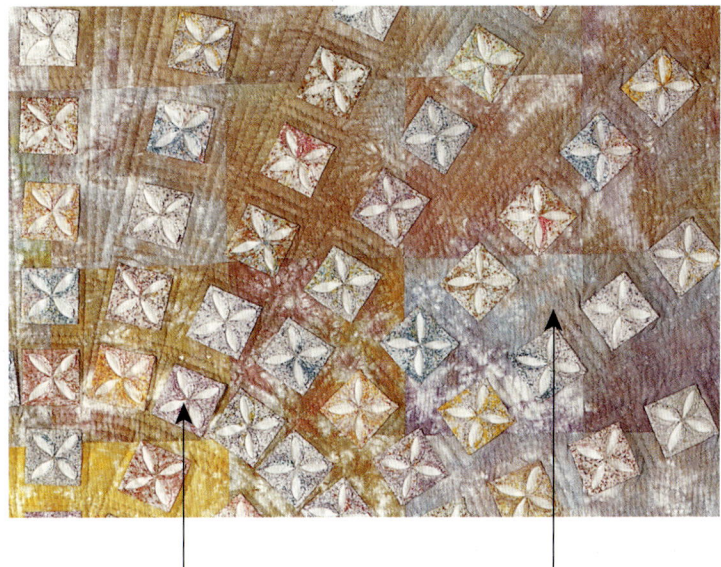

1 • Nähen Sie vier „Kirchenfenster" bis zu dem Stadium, in dem die Quadrate von innen nach außen gewendet und gebügelt werden. Schließen Sie die Spalte mit feinen Stichen.

2 • Falten Sie die Ecken in die Mitte und befestigen Sie sie kurzfristig mit ein oder zwei Stichen. Nähen Sie die vier Quadrate mit Überwendlichstich von der Rückseite her zusammen.

Die Kirchenfenstereinheiten sind alle gleich groß (ca. 4 cm). Jede ist von Hand auf den Hintergrund genäht. Dabei war es sehr wichtig, die Einheiten ganz exakt auszurichten, damit die strahlenförmigen Linien trotz zunehmender Zahl an Einheiten pro Kreis ohne Unterbrechung weitergeführt werden konnten.

Asymmetrie entstand, indem das Zentrum der Strahlenlinien aus der Mitte des Quilts gerückt wurde. Jede Einheit musste ganz genau auf dem Hintergrund ausgerichtet werden, damit dieser Effekt entstehen konnte.

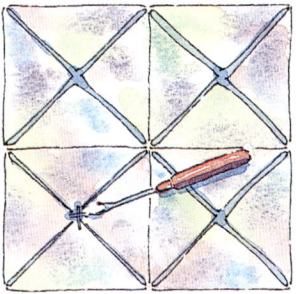

3 • Lösen Sie die Befestigungen der Ecken in der Mitte.

4 • Falten Sie die umgeklappten Ecken zu einem Muster. Nähen Sie dies von Hand oder mit Maschine fest. Die Quadrate könnten zusätzlich mit Knöpfen oder Stickerei verziert werden.

Auf den Hintergrund nähen

Da Sara Impey direkt mit Stoff auf einer Entwurfswand arbeitet, verzichtete sie auf das sonst übliche Gitterraster und kam auf die Idee, die Einheiten auf den Hintergrund zu applizieren.

5 • Je nachdem, wie Sie die Ecken falten, können verschiedene Muster gebildet werden.

In Farbe träumen

"Ich habe ursprünglich Malerei studiert,
und in letzter Zeit widme ich mich dem
Patchwork und Quilting, wobei ich mich
von den traditionellen Techniken wegbewege
und die Textilien als Vehikel benutze, um
meine Ideen auszudrücken. Diese entwickeln sich zuerst aus Skizzen, Bildern und
Collagen in meinen Skizzenbüchern. Hier-
aus leite ich Farbkombinationen und Designs ab. Aber oft entspringen die Ideen auch weniger
greifbaren Konzepten wie Gefühlen und Träumen.
Manche meiner Arbeiten vereinen ungewöhnliche
Einflüsse, z. B. die spontane Lyrik der Lieder Bob
Dylans oder die Arbeit des Künstlers Friedensreich
Hundertwasser. Dies ist ein Quilt aus einer Serie,
die vom Werk dieses Malers inspiriert ist. "

LINDA KEMSHALL

1 • Gestalten Sie mit Stoffkleber oder Klebevlies ein
Ornament auf dem Stoff.
Wenn Sie Stoffkleber ver-
wenden, lassen Sie ihn trocknen.

2 • Legen Sie die Aufbügel-
folie über das Muster; die
farbige Seite nach oben.
Bedecken Sie die Folie mit
einem Tuch und bügeln Sie
darüber.

3 • Heben Sie die Folie an
einer Ecke an, um zu sehen,
ob die Metallfarbe auf den
Stoff übertragen wurde. Der
Stoff kann von Hand gewa-
schen, nicht aber chemisch
gereinigt werden.

Inspiration

Das architektonische Werk des Künstlers Friedensreich Hundertwasser
inspirierte zu einer ganzen Serie von
Quilts, auch zu „In Farbe träumen".

Gesamtmuster

Der Quilt ist aus vier Rechtecken
verschiedener Größe zusammengesetzt. Jedes von ihnen ist ein Bild für
sich, doch werden die vier durch sich
wiederholende Formen optisch verbunden, die zum Teil die Verbindungs-
linien überschreiten. Gelbe Blitze und
glitzernde Linien beleben die zurück-
haltende Farbpalette.

Revers-
applikation

Hinter die
Stellen, die
mit Revers-
applikation gestaltet werden sollten,
wurde Metallfolie gebügelt. Dann
wurde die Spirale ausgeschnitten.
Mit Satinstich wurde sie zusätzlich
ausgeschmückt.

D iese abstrakte Komposition mit einer
interessanten Textur zeigt eine Mischung von Techniken und Medien: Maschinenapplikation, freies Maschinenquilting,
handgestickte Verzierungen, Perlenstickerei
und Aufbügeltechnik. Die Materialien sind
Baumwolle, Seide und kleine Perlen. Linda
Kemshall gestaltete zuerst die Oberfläche,
indem sie Baumwolle und Seide mit der
Hand färbte. Kleine glitzernde Perlen und
eine Kombination aus freiem Maschinenquilten und verstreuter Handstickerei fügen
weitere Texturen hinzu. Die verteilten Formen zeigen die ganz eigenen Motive des
Künstlers. Eine traumähnliche Stimmung
entsteht durch die sich wiederholenden und
entschwindenden Formen.

Maschinenapplikation mit aufbügelbarem Klebevlies

Die Formen werden mit beidseitig klebendem Haftvlies auf den Stoff übertragen und die Kanten mit Satinstich in leuchtenden Farben überstickt.

Oberflächenverzierung

Der Körnerstich (siehe Seite 27) wurde mit dickem Garn auf große Flächen gestickt. Durch die Kombination mit freiem Maschinenquilten ergab sich eine große Vielfalt in der Oberflächenstruktur.

GRÖSSE: 100 x 193 cm

INDIGO-QUADRATE

„Ich hatte vor, an einem einzigen Design eine große Zahl von Techniken aufzuzeigen, und wollte dafür meine handgefärbten Indigostoffe benutzen. Was lag näher, als den Neunerblock zu verwenden! Ich berechnete Maßstab und Proportion auf kariertem Papier, da der Rand zum Mittelblock passen sollte. Innerhalb des Neunerblockes ist jedes der Quadrate in viele kleinere Quadrate eingeteilt."

EDWINA MACKINNON

Es gibt eine Vielfalt von Techniken, die die Oberfläche eines Stoffes verändern und Textur schaffen, so z. B. traditionelle Techniken wie das „Kirchenfenster", bei dem der Stoff durch Falten, Nähen und zusätzlichen Kontraststoff verändert wird, oder „Jo-Jos", für die Stoffkreise gerafft und mit Überwendlichstichen zu einer durchbrochenen Arbeit zusammengesetzt werden. Moderne Patchworkerinnen haben neue Bearbeitungstechniken entwickelt, inspiriert durch so verschiedene Kunsthandwerke wie Origami oder die Weberei. Für die vorliegende Arbeit hat Edwina Mackinnon nur in einer Palette von Blautönen gearbeitet und drei neue Techniken in einem schlichten Neunerblock vereint. Die Symmetrie der Quadrate wurde durch die verschiedenen Oberflächen und feinen Farbabstufungen der Indigostoffe im Gleichgewicht gehalten. Alle Techniken passen gut zueinander, verwandeln den traditionellen Neunerblock in eine faszinierende Oberfläche und verleihen dem Quilt eine starke haptische und visuelle Anziehungskraft.

Gesamtmuster

Die Bearbeitung der Oberflächenstruktur verwandelt ein traditionelles Muster – den Neunerblock – in einen modernen Quilt. Im Rand taucht der Origamiblock der Mitte, allerdings stark vergrößert, wieder auf.

Inspiration

Origami, die japanische Kunst des Papierfaltens, ist eine Inspirationsquelle für Quilterinnen, die nach Möglichkeiten der Veränderung von Oberflächenstrukturen suchen.

Origami-Technik

Viele der Falttechniken des Origami können auch in Stoff gestaltet werden. Eine davon ist die der so genannten J.R.-Quadrate, die im Zentrum und für den Rand des Quilts benutzt wurden.

GRÖSSE: 61 x 61 CM

INDIGO-QUADRATE *139*

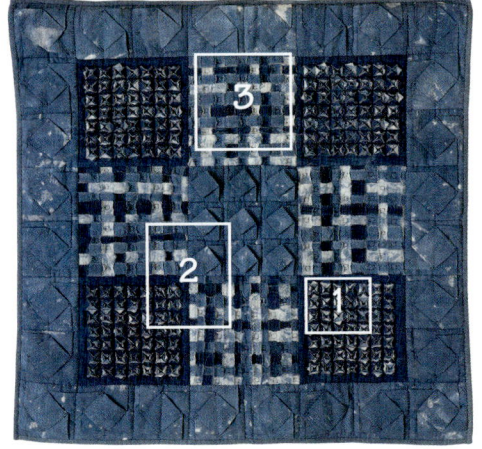

Die feinen Unterschiede in den Farben der Stoffe werden sichtbar, wenn die Lagen aufgeschnitten und ausgefranst werden.

Innerhalb der Neunerblock-Anordnung finden sich wunderbare Oberflächendetails. Das Spiel von Licht und Schatten auf den gefalteten Bereichen und die raue Oberfläche der gefransten, verwebten Stoffe werden in den Detailausschnitten deutlich.

Die Stoffe wurden gestapelt, gitterförmig abgesteppt und aufgeschnitten. So entstand diese dicke, fusselige Oberfläche.

Ausschnitt 2: Quilting

Da der Quilt wegen der vielen Stofflagen sehr dick ist, wurde so wenig wie möglich mit der Maschine gequiltet. Edwina Mackinnon quiltete nur so viel, dass die Lagen aufeinander hielten. Die Künstlerin verwendete ein dünnes Baumwollvlies, um zu verhindern, dass der Quilt noch schwerer wurde.

FUSSELTECHNIK

1 • Stapeln Sie vier gleich große Stoffquadrate mit den rechten Seiten nach oben aufeinander und bügeln Sie den gesamten Stapel. Zeichnen Sie auf den obersten Stoff ein Gitter von Quer- und Längslinien im Abstand von 2 cm und lassen Sie rundum 1,5 cm frei. Nähen Sie auf allen Linien.

2 • Schneiden Sie mit einer Stickschere oder einem kleinen Rollschneider x-förmig durch alle Schichten, ohne die Nähte zu verletzen.

3 • Breiten Sie den Block über einen anderen Stoff, stecken Sie ihn fest und nähen Sie noch einmal an allen Linien entlang. Bürsten Sie mit einer trockenen Nagelbürste die Schnittkanten, damit sich die Stofflagen trennen und die Kanten ausfransen. Sie können den Block auch waschen und in den Trockner geben, damit die Oberfläche besonders fusselig wird.

WEBEN MIT GERISSENEN STOFFSTREIFEN

 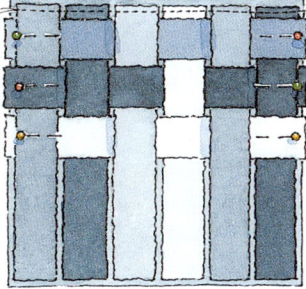  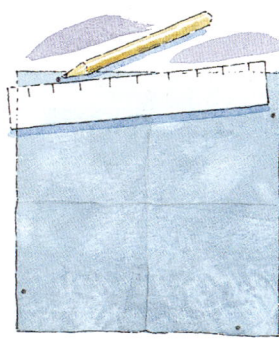

1 • Legen Sie gerissene Streifen von 2 cm Breite der Länge nach auf ein Basis-Stoffquadrat. Nähen Sie die Streifen entlang der Oberkante fest.

2 • Weben Sie Querstreifen über das Quadrat und stecken Sie links und rechts die Enden fest. Planen Sie den äußersten Streifen jeweils als Nahtzugabe ein. Eine Fläche von neun Streifen ergibt demnach einen fertigen Block von sieben mal sieben sichtbaren Streifen.

3 • Wenn das Basisquadrat bedeckt ist, nähen Sie mit 0,75 cm Abstand an der Außenkante des vorletzten Streifens entlang, wie abgebildet. Wo sich die Streifen kreuzen, nähen Sie mehrmals. Schneiden Sie das Quadrat aus und halten Sie dabei einen Abstand von 0,75 cm von der Nählinie ein.

1 • Falten Sie ein 15 cm großes Stoffquadrat zweimal zusammen; bügeln Sie es, um die Falze zu markieren, und entfalten Sie den Stoff. Zeichnen Sie 2,5 cm von der linken Seite jeder Ecke entfernt einen Punkt auf.

Ausschnitt 3: Stoff weben

Der Basisstoff, auf dem die Webstreifen befestigt sind, sollte nicht zu sehen sein, wählen Sie also ähnliche Farben. Schieben Sie die Kanten der Streifen so dicht wie möglich zusammen.

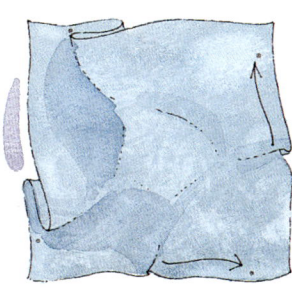

2 • Falten Sie an jeder Kante die Falzmarkierung bis an den Punkt, wie abgebildet, und stecken Sie sie fest.

3 • Kniffen Sie an jeder Kante den Falz bis an den Markierungspunkt und bügeln Sie mit Dampf darüber. Nähen Sie die Falten fest.

Stoffstreifen wurden entlang dem Fadenlauf gerissen, die Kanten extra ausgefranst und dann verwebt.

AUS DER DUNKELHEIT

„Nachdem ich die Grundlagen des Patchworks erlernt und ein paar Farblehreseminare besucht hatte, begann ich, meine eigenen Quilts zu entwerfen. Am Ende war ich meiner Arbeit so sicher, dass ich anfing, Regeln zu brechen, indem ich außergewöhnliche Stoffe verwendete, mit der Maschine quiltete und neue Techniken ausprobierte. Als ich diesen Quilt gestaltete, hatte ich gerade eine besonders düstere Phase hinter mir. Die goldenen Mondsicheln sprudeln aus der Dunkelheit hervor und symbolisieren die hoffnungsvolle Erwartung der Zukunft.“

BONNIE LYN McCAFFERY

Auf ihrer Suche nach Möglichkeiten, ausgefallene Stoffe in Quilts zu verarbeiten, entwickelte Bonnie McCaffery eine Technik, die sie „Fantasiestoff" nennt. Bei dieser Technik werden verschiedene Lagen verarbeitet: Durchsichtige Stoffe, Metallicstoffe, Lamé, dekorative Garne und Flitter werden mit Tüllstoff bedeckt und dann mit unsichtbarem Nylongarn aufeinander gequiltet. Bonnie McCaffery sagt dazu: „Fantasiestoffe zu nähen geht schnell und macht Spaß. Man kann problemlos viele Teile mit schönen Kurven nähen, ohne dass man alle Kanten umschlagen muss. Meist habe ich nicht einmal ein Muster oder Thema im Kopf; es ist fast, als sende mir das Unterbewusstsein eine Botschaft.“

Gesamtmuster

Goldene Mondsicheln schweben über einem nebligen Hintergrund aus verschiedenen Farbtönen und Oberflächen. Durchsichtige Tränenformen dahinter bilden dunklere Bereiche, die die Fläche diagonal durchqueren. Das Quilting mit rauchfarbenem Nylonfaden ergibt eine Textur von wirbelnden Formen, die zum Design passt.

Konstruktionstechnik

Die für den Quilt benutzte Technik ist eine Weiterentwicklung der Schattenapplikation: Die Stoffe werden zwischen einem Hintergrundstoff und Tüll „eingeklemmt".

GRÖSSE: 130 X 102 CM

Die Ausschnitte zeigen, wie kleine Stückchen von exotischen Stoffen zwischen der Tüllschicht und dem Unterstoff aus handgefärbter Baumwolle liegen und durch Quilting aufeinander gehalten werden.

Ausschnitt 1: Handbemalter Hintergrund

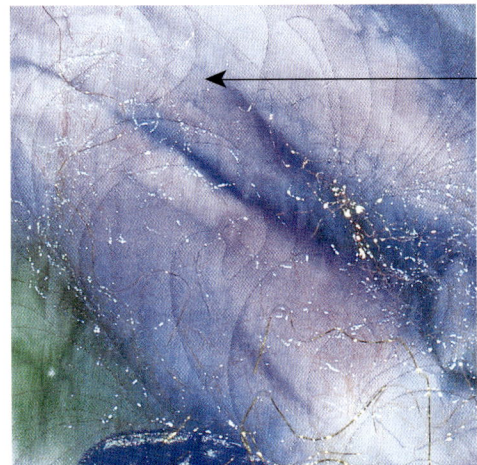

Der Baumwoll-Hintergrundstoff ist handbemalt; die grünen bis grauen Farben lassen die Formen der Oberfläche hervortreten.

Ausschnitt 2: Quilting

Das Quilting formt eine dekorative Oberfläche und hält die Lagen aufeinander. Frei geführte Quiltlinien folgen den Formen wie ein Echo. Sie wurden mit unsichtbarem Nylonfaden als Oberfaden und normalem, farblich passendem Unterfaden ausgeführt.

Mondsicheln in Goldstoff sind der Glanzpunkt der abstrakten Komposition.

Ausschnitt 3: Randbordüre

Diagonale Nähte auf dem Randstoff greifen die Richtung des Hauptmotivs auf.

MIT AUSSERGEWÖHNLICHEN STOFFEN EINE NEUE OBERFLÄCHE SCHAFFEN

1 • Legen Sie ein gebügeltes Stück Stoff (handgefärbte oder bemalte Stoffe eignen sich gut) auf eine flache Oberfläche. Schneiden Sie Formen freihand aus dekorativen Stoffen aus und arrangieren und befestigen Sie sie kurzzeitig mit Stecknadeln oder Stoffkleber.

2 • Schneiden Sie winzige Stücke aus den Stoffen sowie kleine Abschnitte von Fäden, und streuen Sie sie in kleinen Grüppchen über die Oberfläche.

3 • Schneiden Sie ein Stück durchsichtigen Organza oder Tüll zu, das so groß ist wie der Hintergrund, und legen Sie es glatt über die Komposition, ohne diese zu verschieben. Stecken Sie die Lagen mit Stecknadeln aufeinander fest.

4 • Beginnen Sie in der Mitte, arbeiten Sie mit rauchfarbenem Nylonfaden und quilten Sie mit freien Bewegungen über die Oberfläche. Nähen Sie die mittlere Schicht fest. Für sichtbares Quilting wählen Sie dekoratives Quiltgarn.

Außergewöhnliche Stoffe

Suchen Sie in Geschäften für Kostüm- und Theaterbedarf nach dekorativen Stoffen, ähnlich denen, die Bonnie McCaffery verwendet hat. Besorgen Sie auch indische Sari-Seide und Stickereizubehör. Wählen Sie Metallicstoffe, Lamé und transparente Stoffe, um damit zu experimentieren.

Farbstudie

Für diese Technik ist es am besten, wenn die Farbe des Hintergrundstoffes auf die Komposition abgestimmt wird. Hier wirken die gedämpften Farben und weichen Kanten des bemalten Hintergrundes interessant, ohne zu dominieren, und gestatten es den Formen, auf der Oberfläche hervorzutreten.

Der Rand ist aus verschiedenen Stoffen zusammengesetzt, weil Bonnie McCaffery nicht genug Stoff hatte. Auch waren die Kanten länger als eine übliche Stoffbreite. Ihre kreative Lösung des Problems führte zu einem interessanten Resultat.

FOKUS AUF SCHWÄMME

„Meine Quilts beschreiben den Kampf der Natur gegen die fortschreitende Entwicklung des Menschen. Eine Zeit lang habe ich verschiedene Formen von Baumschwämmen fotografiert. Die Fotos von einer Reise zu den Bunya-Bergen in Queensland, Australien, waren die Inspiration zu diesem Quilt ‚Fokus auf Schwämme‘. Der Quilt war der erste einer winzigen ‚Baumschwamm-Serie‘."

CYNTHIA MORGAN

Cynthia Morgan erarbeitet ihre auffälligen Designs ganz intuitiv. Ihre Bilder – eingefangene Augenblicke – sind naturalistisch und lebendig. Für dieses Werk zeichnete Sie zuerst eine kleine Skizze und legte die Position der Baumstämme und Pilzausschnitte fest. Diese Ausschnittbilder wurden zuerst mit Heftstichen eingegrenzt, bevor die Arbeit gequiltet wurde. Das Naturalistische der Baumschwämme wurde durch eine Reihe von Techniken erreicht. Stickereitechniken, Handfärbetechniken und die plastische Gestaltung von Formen wurden kombiniert. Durch das Ansengen der Blätterkanten mit einem Lötkolben wurde der Zerfall dargestellt. Die einzelnen Elemente wurden von Hand genäht und mit Überfangstichen auf jedem der Pilzausschnitte festgenäht. Diese plastischen Bilder gewähren einen Einblick in einen Mikrokosmos, der auf dem Waldboden vergrößert und besonders hervorgehoben dargestellt ist.

Gesamtmuster

Der Waldboden, direkt auf Stoff gemalt, dient als Hintergrund für fünf Einzelbilder von vergrößerten Baumschwämmen. Sie sind heller als ihre Umgebung. Die exakt beobachteten und erstaunlich naturalistischen Ausschnittvergrößerungen sind bemerkenswerte Blickpunkte.

Der Waldboden

Cynthia Morgans künstlerisches Talent ist bei der Darstellung der gefallenen Blätter und des bewachsenen Waldbodens, die die Kulisse für die Bildausschnitte mit den Baumschwämmen bilden, deutlich zu erkennen.

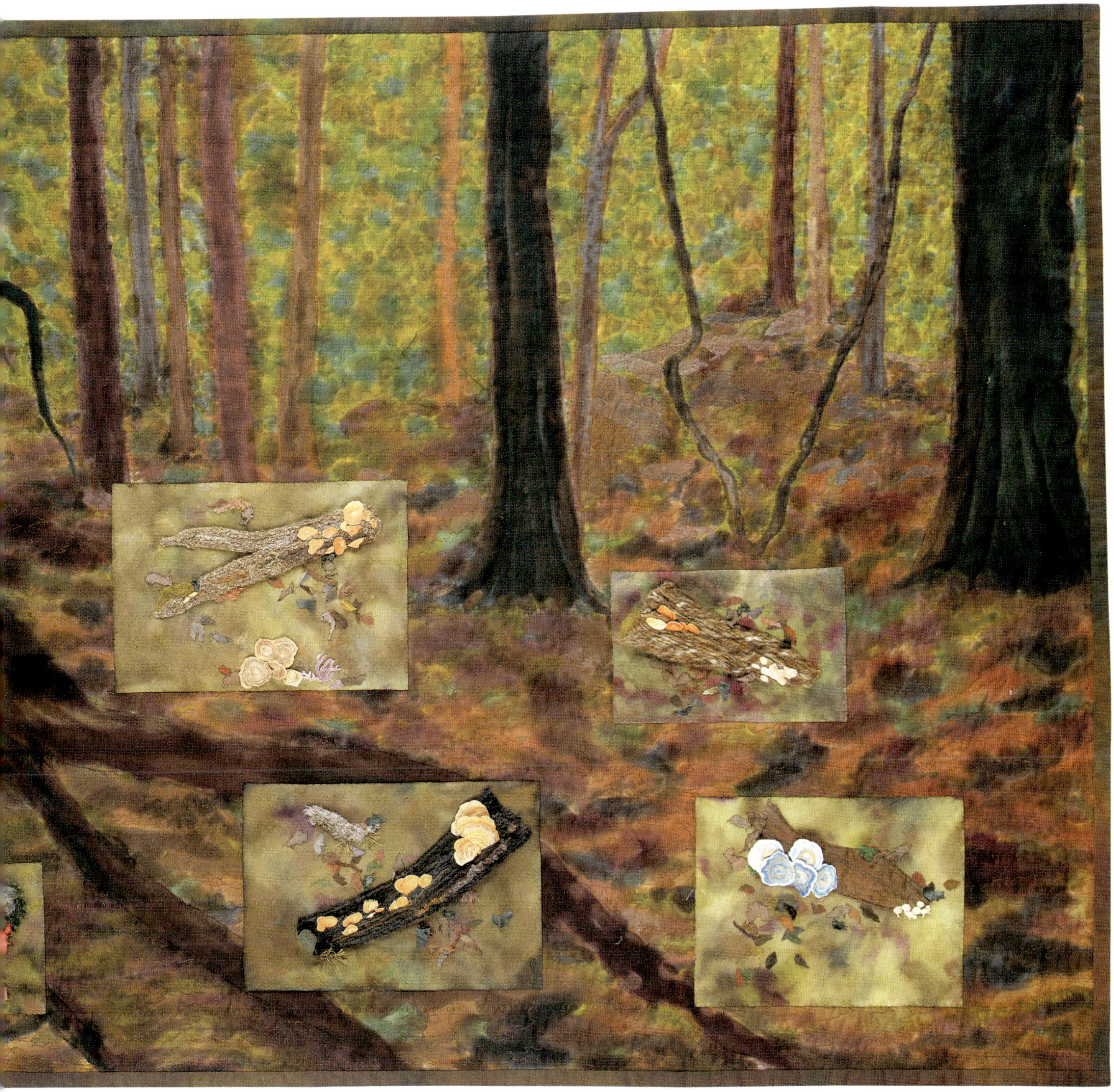

Grösse: 153 x 107 cm

Inspiration

Cynthia Morgans Aufmerksamkeit und Verbundenheit mit der Natur regt sie zu Fotostudien an, von welchen sie die Ideen für ihre preisgekrönten Quilts ableitet.

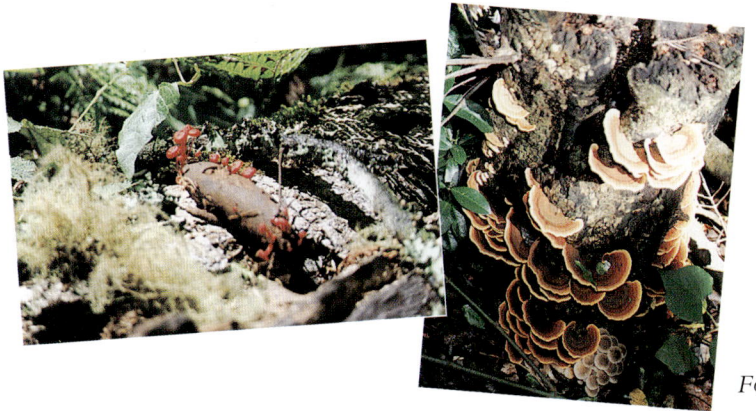

Jeder der fünf Bildausschnitte zeigt Cynthia Morgans Hingabe an ihre Arbeit. Die Malerei des Waldes bietet ein atmosphärisches Umfeld für die Pilzbilder. Vom ersten Einfärben des Stoffes durch alle Arbeitsstadien hindurch ist Cynthia Morgans meisterliche Beherrschung der Textilkunst offensichtlich.

Jedes dieser Paneele enthüllt die detaillierte Beobachtung, die künstlerische Begabung und die technische Fertigkeit, die für diesen Quilt nötig waren. Cynthia Morgan sagt: „Seit Generationen hat man alle Einzelheiten der Faser bis ins Kleinste erforscht, und so ergibt sich heute eine neue Kunstform daraus."

Cynthia Morgan malte direkt auf den Baumwollhintergrund und richtete sich dabei nach einer kleinen Zeichnung, auf der sie die Position der Baumstämme und der Ausschnittvergrößerungen festgehalten hatte.

Ausschnitt 3:
Der obere,
linke Ausschnitt

Ausschnitt 1: Bemalen und Quilting

Sind die Stämme und der Waldboden fertig gemalt, wird über den ganzen Hintergrund hinweg mit der Maschine gequiltet. Die Bereiche, auf welche die Pilzbilder genäht werden sollen, werden ausgespart.

Die separat fertig gestellten Ausschnittvergrößerungen der Baumschwämme wurden von Hand an ihren Platz im Quilt genäht.

Zerfallene Blätter, Baumschwämme und ein vermoderter Ast werden durch die Anwendung verschiedener Techniken plastisch modelliert. Der Ast entstand durch das Besticken mehrerer Stofflagen mit gefärbten Garnen über einer Filzbasis, die Blätter wurden aus handgefärbten und bemalten Stoffen gestaltet.

DREIDIMENSIONALE DETAILS ARBEITEN

Blätter, Muscheln oder andere einfache Formen können als separate Elemente eine zusätzliche Dimension in einen Quilt hineinbringen. Es eignen sich kommerzielle oder handgefärbte Stoffe.

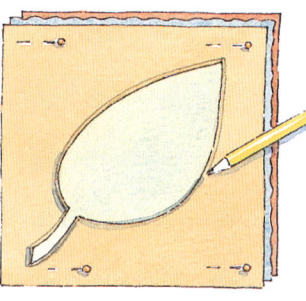 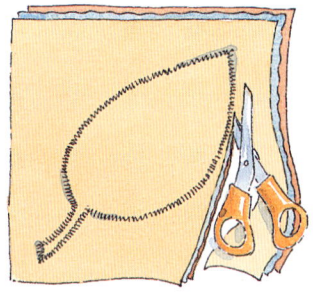 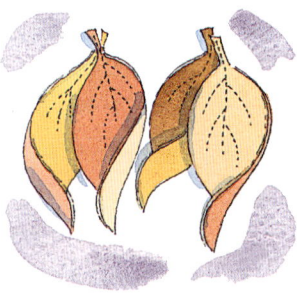

1 • Legen Sie ein Stück Vlies zwischen zwei Stoffe, beide rechten Seiten zeigen nach außen. Zeichnen Sie eine Form auf einen der Stoffe und nähen Sie mit dem Geradstich der Maschine um den Umriss, um die Stoffe aufeinander zu befestigen.

2 • Stellen Sie die Nähmaschine auf einen dichten Satinstich um und nähen Sie mit dekorativem Garn um den Umriss, die Geradstiche bedeckend. Vernähen Sie die Fadenenden und schneiden Sie die Form knapp entlang der Satinstichkante aus.

3 • Nähen Sie die Formen auf den Quilt. Befestigen Sie nur eine Stelle, sodass sie plastisch abstehen. Die Formen können sich auch überlappen, und die Befestigungsstiche sind ein zusätzliches Detail.

VERLOCKUNG DES TAGES

„In meinen Entwicklungsjahren war ich von Kunst
umgeben. Meine Mutter übte einen starken Einfluss
auf mich aus, und meine ersten Erfahrungen mit
Stoff sammelte ich, als ich ihr beim Sticken zusah.
Vor 13 Jahren begann ich, Quilts zu nähen, nachdem ich eine lokale Patchworkausstellung besucht
hatte. Nach dieser ersten Begegnung bewegte ich
mich in eine völlig neue Richtung. Es war der
Wendepunkt; etwas in mir verwandelte sich. Ich
hatte ein Erlebnis, das mein Leben grundlegend
veränderte, denn ich wusste nun: Ich muss Quilts
nähen."

DIANA SWIM WESSEL

W ie viele moderne Quilterinnen
näherte sich Diana Swim Wessel
dem Medium als Malerin. Das Quilten
erweiterte ihren künstlerischen Horizont;
textile Elemente vergrößerten ihre Aus-
drucksmöglichkeiten. Dieses Stück wurde
für eine Kundin gefertigt, die Orchideen
und exotische Vögel liebt. In einer skizzen-
haften Zeichnung erweckte Diana Swim
Wessel den Quilt zum Leben. Der erste
Schritt war, die Hauptlinien des Motivs mit
schwarzem Faden in freier Bewegung
nachzuquilten. Dann wurde das Bild mit
Aquarellstiften und Stoffkreiden bemalt. Mit
Applikationstechniken wurden noch mehr
Farben aufgebracht und die Bereiche mit
den starken und schwachen Kontrasten
definiert. Das Ergebnis ist eine Mischung aus
Figürlichkeit und Symbolismus, der das
Medium des Quiltens mit der expressiven
Malerei wirkungsvoll verbindet.

Gesamtmuster

Auf einem Hinter-
grund organisch
wirbelnder Formen
wird eine Ecke von
einer großen Blüte
ausgefüllt. Sie sieht
aus wie eine weibliche
Gestalt, der Flügel
entwachsen, und
symbolisiert das
Bedürfnis, in die Frei-
heit zu reisen und
den Träumen nach-
zufliegen. Eine weiche
Farbpalette von Pink-
und Blaugrüntönen
unterstützt die
Wirkung des Bildes.

Quilting

Die Linien sind mit
blauem Faden ma-
schinengequiltet. In
manchen Bereichen
wurden die Linien
auch zum Eingrenzen
einiger Formen be-
nutzt, wie bei einer
Zeichnung.

Die fließenden Quiltlinien im Mittelteil des Quilts sind bis in den Rand weitergeführt und dämpfen die Linie der Kante.

Ausschnitt 1: verschiedene Medien

Die ausgewählten Vergrößerungen zeigen unterschiedliche Arbeitsmethoden. Verschiedene Techniken wurden mit Maschinenstickerei kombiniert. Der handgefärbte Hintergrundstoff wurde zusätzlich mit Stoffmalstiften bemalt und dann übernäht.

Ausschnitt 2: frei geführtes Maschinenquilten

Um den gewünschten Effekt zu erreichen, setzt Diana Swim Wessel verschiedene Medien ein. Sie bearbeitet die Oberfläche des Baumwollstoffs durch Handfärben und zeichnet direkt mit Ölkreiden darauf. Die Nählinien folgen den Konturen der Motive.

Das frei geführte Maschinenquilten wird mit versenktem Stofftransport und dem Stickfuß der Nähmaschine gearbeitet. So wird der Stoff nicht von der Maschine transportiert, und eine feste Stichlänge gibt es nicht. Das bedeutet, dass die Quilterin den Stoff selbst mit den Händen bewegt, während sich die Stiche bilden.

Ausschnitt 3: Blattformen

Kompakte Blattformen sind in einigen Bereichen des Bildes zu finden. Sie kontrastieren mit den gequilteten, linearen Elementen des Designs.

Farbstudie

Diana Swim Wessels Mutter, Jeanette Sciara, ist Batikkünstlerin und hat stets die Arbeit der Tochter beeinflusst. Hier sehen Sie ein Beispiel für die Batiken von Jeanette Sciara. Batik ist eine Art von Reservefärbung: Bestimmte Bereiche des Stoffes werden mit Wachs bemalt, bevor sie gefärbt werden. Das Wachs verhindert, dass die Fasern Farbe annehmen. Das Wachs wird entfernt, frisches Wachs wird auf andere Stellen des Stoffes aufgetragen, der dann erneut gefärbt wird. Auf diese Weise baut man eine Reihe von Farbschichten auf.

FARBE UND MUSTER AUF STOFF MIT ÖLKREIDEN

Eine solche Vielfalt von Zeichen und Mustern kann mit Ölkreiden auf Stoff gemalt werden. Ölkreiden bestehen aus Leinöl, Wachs und Pigment, sind in einer breiten Farbpalette erhältlich und können mit dem heißen Bügeleisen fixiert werden.

Verlaufende Farben

Bringen Sie die Farbflächen auf den Stoff und lassen Sie die Flächen an den Rändern überlappen. Verwischen Sie die Farben mit einem mit Spiritus oder anderem Lösungsmittel getränkten Lappen.

Schablonieren

Reiben Sie den Farbstift auf einer Palette ab, um die Farbe dort zu deponieren. Dann nehmen Sie mit einem Schablonierpinsel die Farbe auf und stupfen sie durch die Schablone.

Zeichnen

Einfache Muster können mit den Stiften direkt auf den Stoff gezeichnet werden. Spannen Sie den Stoff mit Klebestreifen auf eine glatte Oberfläche und zeichen Sie mit den Stiften auf den Stoff.

Die Künstler

ANJA TOWNROW wurde in den Niederlanden geboren und lebt seit 1977 in England. Sie begann mit Patchwork, als sie mit ihrem ersten Kind schwanger war, und nähte 10 Jahre lang weiter einsam vor sich hin, bis sie 1995 begann, ihre Objekte auszustellen. Seitdem hat sie viele Preise gewonnen. Sie gibt Patchworkunterricht und hält Vorträge.

ANN FAHL, die preisgekrönte Quilterin aus Racine, Wisconsin, hat ihre Arbeiten in vielen Einzel- und Gruppenausstellungen in den USA, Frankreich und Japan ausgestellt.
Man findet ihre Quilts und Artikel weltweit in vielen Quiltzeitschriften; kürzlich erschien eine CD-ROM „The Quilts of Ann Fahl".
Website: www.execpc.com/~fahl/index.html

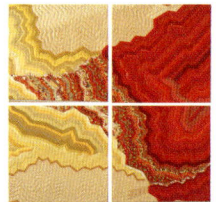

BONNIE LYN McCAFFERY lebt im nordöstlichen Pennsylvania und ist die Autorin von „Fantasy Fabrics: Techniques for Layered Surface Design". Ihre anderen Spezialitäten sind Kaleidoskop-Quilts in Papiernähtechnik und dreidimensionale Quilts. Bonnie McCaffery reist gerne und gibt weltweit Kurse, da sie den Kontakt mit den Quilterinnen der ganzen Welt liebt.
http:home.ptd.net/~bmccaffe. E-mail: bmccaffe@ptd.net

BRIDGET INGRAM-BARTHOLOMÄUS lebt seit 1969 in Deutschland und seit 1981 in Berlin. Sie unterrichtet Patchwork, Quilten und Sticken auf internationaler Ebene. Bridget Ingram-Bartholomäus wurde 1991 Mitglied von „Quilt Art" und hat an vielen Ausstellungen teilgenommen.

CAROL SCHEPPS lebt in Princeton Junction, New Jersey. Sie studierte Mode und Grafikdesign am Pratt Institute, Brooklyn, New York. Für sie ist der Art-Quilt das Medium, um sich auszudrücken. Ihre Arbeiten werden in Galerien, Ausstellungen und öffentlichen Institutionen gezeigt und verkauft, z.B. bei VISIONS 1998 und im University of Pennsylvania Hospital. E-mail: cschepps@home.com

CAROLINE WILKINSON lebt in London, England. Während eines Aufenthaltes in den USA (1979–1981) wurde sie auf Patchwork aufmerksam. Nach ihrer Rückkehr nach England entwickelte sie ihr Können innerhalb einer lokalen Quiltgruppe. Sie hat in England und Europa ausgestellt. Sie ist Co-Autorin eines Buches über Miniquilts und sammelte Zitate für das „Quilt Note Book". Caroline Wilkinson gibt Unterricht in der Erwachsenenbildung und für Gefängnisinsassen.

CARYL BRYER FALLERT lebt nahe Chicago, Illinois. Sie ist international bekannt für ihre leuchtenden, preisgekrönten Künstlerquilts, die in hunderten von Ausstellungen, Sammlungen und Veröffentlichungen der ganzen Welt zu finden sind. Caryl Bryer Fallert reist als Lehrende und Vortragende. Website: www.bryerpatch.com

CHARLOTTE YDE lebt und arbeitet in Kopenhagen, Dänemark. Ursprünglich war sie Sticklehrerin, näht aber seit 1978 Patchwork. Ihre Quilts wurden in ganz Europa, den USA und Japan ausgestellt, und im Jahr 2000 gewann sie den 1. Preis der Europäischen Quilt Triennale in Heidelberg. Sie unterrichtet Patchwork und verwandte Techniken, hat fünf Bücher geschrieben und viele andere übersetzt. Website: www.yde.dk; E-mail: charlotte@yde.dk

CYNTHIA MORGAN lebt in Caloundra an der Sonnenküste von Queensland, Australien. Ihre preisgekrönten Quilts werden in der ganzen Welt ausgestellt und finden sich in vielen Sammlungen. Sie gibt international Kurse und ihr Buch „A Quilter's Journey" wurde 1995 von Kangaroo Press veröffentlicht. Website: www.cynthiamorgandyequilts.com; E-mail: cynthia@seq.net.au

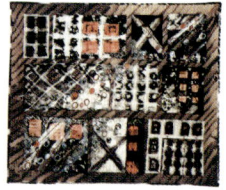

DIANA BUNNELL aus Boulder, Colorado, nähte 1978 ihren ersten Quilt und hatte seitdem bei vielen berühmten Lehrerinnen Unterricht. Diana Bunnell versucht, die technischen Anforderungen des Patchwork zu vereinfachen, um sich spontaner in Stoff ausdrücken zu können. Ihre Quilts sind ein Mittel der Selbstdarstellung.

DIANA SWIM WESSEL lebt, umringt von ihren fünf Kindern, auf einem alten Bauernhof. Nach ihrer Ausbildung zur Innenarchitektin begann sie 1986 mit dem Quilten, nachdem sie eine Patchworkausstellung besucht hatte. Diana Swim Wessel erlernte zunächst die traditionellen Muster und Techniken, bevor sie ihre eigenen Ideen in Stoff umsetzte. Sie hat viele Preise gewonnen.

DILYS FRONKS näht seit 16 Jahren Quilts und arbeitete zunächst hauptsächlich mit traditionellen Methoden. Durch ihre Tätigkeit als Patchworklehrerin wurde sie sich ihrer Kreativität bewusst. Dies ermutigte sie zu eigenständiger Herangehensweise und zu experimentellen Methoden. Sie unterrichtet in Wales. Als Mitglied von „The Quilters' Guild of the British Isles" und der „American Quilters' Society" gab sie national und international Unterricht. Sie hat drei Bücher über Applikationen geschrieben und arbeitet regelmäßig für Quiltzeitschriften. Ihr Hauptinteresse gilt der Applikation und der Reversapplikation.
E-mail: dilys.fronks@talk21.com

DIXIE HAYWOOD lebt in Pensacola, Florida, und quiltet seit über 30 Jahren. Viele ihrer Quilts haben Preise gewonnen und bereiteten ihr schon beim Herstellen großes Vergnügen. Sie ist Autorin von mehr als 160 Artikeln und sechs Büchern sowie Co-Autorin von vier Büchern mit Jane Hall.
E-mail: robertahaywood@sprintmail.com

EDWINA MACKINNON aus Worcestershire in England stellt nicht nur wunderschöne Patchworkarbeiten her, sondern leitet auch viele Workshops, in denen sie andere Quilterinnen inspiriert. Zurzeit wird ihre Arbeit durch flächen- und indigogefärbte Stoffe dominiert. Edwina Mackinnon erforscht gerne die Möglichkeiten von dekorierten und gestalteten Oberflächen.

ERIKA CARTER lebt mit ihrem Ehemann und zwei Kindern in Bellevue, Washington. Sie zeigt ihre Nähkenntnisse und ihren angeborenen Farbensinn in ihren ausdrucksstarken Quilts, von denen sie inzwischen über 200 genäht hat. Viele Preise wurden ihr zugesprochen. Erika Carter ist Gründungsmitglied der „Contemporary Quilt Art Association", einer Gruppe, die sich für den Art-Quilt als Kunstform einsetzt.

FRIEDERIKE KOHLHAUSSEN lebt in Bad Homburg, Deutschland. Sie begann 1980, als sie in Amerika lebte, mit Patchwork. Ihre Arbeiten wurden vielfach in der ganzen Welt ausgestellt, und sie schrieb drei Bücher über die Kunst des Patchworks. Friederike Kohlhaußen organisierte mehrere Jahre lang Sommerschulen und gab selbst Workshops. Als erste Vorsitzende des Vereins „Quiltkunst" setzt sie sich für die Anerkennung des Art-Quilts in Deutschland ein.

GABRIELLE SWAIN aus Watauga, Texas, ist für ihre Farben und technische Perfektion bekannt. Sie begann 1983 mit Patchwork. In ihren Arbeiten, die von naturalistisch bis abstrakt reichen, erforscht sie den Menschen und sein Verhältnis zur Natur. Die Autorin von zwei Büchern über Applikationen hat national und international schon viel veröffentlicht. Sie hat ihre Arbeiten in vielen Institutionen ausgestellt und ist Gründungsmitglied der „North Texas Quilt Artists". Sie arbeitet in einem Atelier, das sie sich mit ihrem Mann und dem Sohn teilt.

GINNY ECKLEY lebt in Houston, Texas. Sie begann schon mit zwölf Jahren, mit Stoff zu arbeiten. 1995 schrieb sie „Quilted Sea Tapestries", wo sie sich auf Maschinensticktechniken konzentrierte. Ginny Eckley unterrichtet Quilten und Kunst und stellt ihre Arbeiten weltweit aus. Website: www.fabricpainting.com; E-mail: arthread@vonl.com

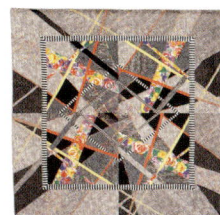

HILARY RICHARDSON lebt an der Südküste Englands, in der Nähe von Chichester. Seit 1987 näht sie Quilts. Ihre Arbeit ist oft experimentell, und sie benutzt gerne Stoffe, die sie selbst gefärbt und bearbeitet hat. Sie hält Vorträge und gibt Workshops in Patchwork und Quilten. Sie war von 1998 bis 2000 internationale Repräsentantin der „Quilters' Guild of the British Isles".
E-mail: hilary.richardson@virgin.net

HIROMITSU TAKANO lebt in Tokio, Japan, wo er Kunstunterricht für Erwachsene gibt. Hiromitsu Takano hat Bücher über Honiton-Spitze und Sashiko-Quilting sowie viele Artikel im japanischen Heft „Patchwork Quilt Tsushin" veröffentlicht. Er leitete in England und Japan schon viele Workshops über japanische Kunst.

INGE HUEBER lebt in Köln, Deutschland. Sie ist seit 1980 hauptberufliche Quilterin und Gründungsmitglied der Gruppe „Quilt Art", einer europäischen Gruppe von professionellen Quilterinnen, die in England beheimatet ist. Sie hält Vorträge und stellt weltweit aus. E-Mail: Inge.Hueber@NetCologne.de

IRENE MACWILLIAM lebt in Nordirland und beschäftigt sich seit 15 Jahren mit Textilien. Sie hat schon weltweit ausgestellt, gibt Unterricht und hält Vorträge über Patchwork und Quilts. Irene MacWilliam ist Mitglied einiger Gruppen, auch von „Fibre 2000", der Künstlerinnen aus Nord- und Südirland angehören. E-mail: irene@macwilliam.force9.co.uk

JANE HARDY MILLER lebt in Miami, Florida. Sie näht schon ihr ganzes Leben lang und entwirft seit 1969 eigene Quilts. Die Künstlerin unterrichtet Patchwork und stellt ihre preisgekrönten Arbeiten national und international aus.

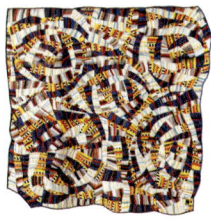

JANE LLOYD aus Ballymena, Nordirland, arbeitet seit über 25 Jahren mit Stoff. Sie stellt im In- und Ausland aus, was ihr deshalb besonders Freude macht, da sie dadurch reisen und gleich gesinnte Menschen kennen lernen kann.

JENNI DOBSON aus Loughborough, England, unterrichtet seit den Siebzigerjahren Patchwork im In- und Ausland. Ihre Arbeiten wurden in Amerika, Japan, Europa und Australien ausgestellt. Sie ist Autorin mehrerer Patchworkbücher und vieler Artikel und schreibt eine Kolumne in der Zeitschrift der Quilters' Guild in Großbritannien. Website: www.dobson4qu.freeserve.co.uk

JO WALTERS lebt in Miami, Florida. Sie begann 1988, Quilts herzustellen. Ihre Technik des „Big-stitch-Quilting" unterrichtet sie in Workshops und stellt sie in diversen Veröffentlichungen vor.
E-mail: jgw2@yahoo.com

JOAN COLVIN ist für ihre ruhigen Farben bekannt. Sie lebt im nordwestlichen Amerika, in Puget Sound. Sie hat Bücher geschrieben und hält Vorträge. Ihre Arbeiten werden in Einzelausstellungen, auf spezielle Einladung hin und in jurierten Ausstellungen gezeigt und befinden sich in vielen privaten Sammlungen in den USA und Europa.
E-mail: colvin@valleyint.com

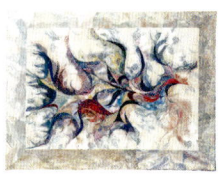

JUDY B. DALES aus Kingwood, Texas, quiltet seit 1970 und ist bekannt für ihren sicheren, einmaligen Farbensinn und ihre Quilts mit geschwungenen Nähten. Ihre Arbeiten befinden sich in vielen Sammlungen auf der ganzen Welt; eine gehört sogar zu „The Twentieth Century's 100 Best American Quilts". Ihr Buch „Curves in Motion" zeigt viele Quilts, Techniken und Entwürfe in Kurventechnik.
Website: www.members.aol.com/JUBDA/; E-mail: JUBDA@aol.com

JUDY MATHIESON lebt nördlich von San Francisco in Sebastopol, Kalifornien. Sie näht Quilts seit 1973 und gibt Unterricht in den USA, Kanada, Japan, Australien und England. Ihr Werk ist weltweit ausgestellt, und sie hat zwei Bücher über den Mariner's Compass geschrieben.
Website: www.members.aol.com/judy4quilt

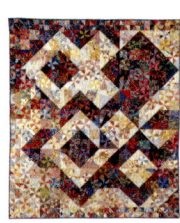

KATHARINE GUERRIER aus Worcestershire, England, stellt seit über 20 Jahren Quilts und Stickereien her. Sie studierte und unterrichtete einige Jahre lang an der Art School, bevor sie sich ganz dem Quilten, dem Patchwork und der Stickerei verschrieb. Ihre Quilts sind sehr unterschiedlich und zeigen sowohl traditionelle als auch moderne Einflüsse. Dieses Buch ist nur eines von mehreren, die sie über Patchwork und Quilten geschrieben hat.

KATIE PASQUINI MASOPUST reist mit ihren Workshops über modernes Quiltdesign um die ganze Welt. Ihr Stil wandelte sich über die Jahre von traditionell, über Mandalas bis zu 3-D-Quilts. Nun experimentiert sie mit Landschaften. Ihr Werk gewann viele Preise und wird national und international ausgestellt.

LINDA KEMSHALL lebt und arbeitet an der Grenze von Staffordshire und Shropshire in der Mitte Englands. Sie stellt aus und hält Vorträge in Europa und Nordamerika. Ihr erstes Buch wurde im Jahr 2000 bei Martingale & Co. veröffentlicht.
Website: www.kemshall.freeserve.co.uk

MARGARET DAVIDSON lebt bei Wolverhampton in England. In den Siebzigerjahren brachte sie sich das Patchwork selbst bei. Sie hat ihre Leidenschaft für Art déco, moderne Architektur, die Quilts der Amish und für den Quiltstich zur Entwicklung ihres Stils benutzt, der sich durch starke geometrische Formen in Unistoffen auszeichnet.

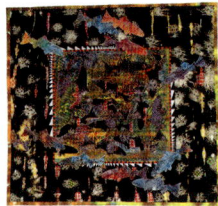

MARTA AMUNDSON lebt mit ihrem Mann Larry auf einer kleinen Rinderfarm bei Riverton, Wyoming. Sie näht seit 1989 ihre Quilts zum Thema „Gefährdete Tierarten und die Umwelt". Marta Amundson stellt international aus und unterrichtete bereits in England, Schweden, Brasilien, Australien und den USA. Marta Amundson schreibt für Quiltzeitschriften und hat eine monatliche Kolumne im „Front Range Contemporary Quilter's Newsletter".
Website: www.homestead.com/amundsonquiltmaker/amundsonquiltmaker.html;
E-mail: marta-amundson@wyoming.com

MARY MAYNE lebt in Bedfordshire, England. Ihr Interesse an Patchwork und Quilting erwachte in den Sechzigerjahren. Sie hat viele Auszeichnungen erhalten und verbreitet ihr Wissen in Vorträgen und Kursen. Einige Werke befinden sich in privaten Sammlungen. Sie hatte zwei Einzelausstellungen.

MAURINE NOBLE aus Seattle, Washington, entwickelt und unterrichtet Maschinenquilting und Maschinenapplikation seit 1987. Sie schrieb zwei Bücher: „Machine Quilting Made Easy" und „Basic Quiltmaking Technique for Machine Appliqué" und ist Co-Autorin von „Machine Quilting with Decorative Threads".
E-mail: emnoble@televar.com

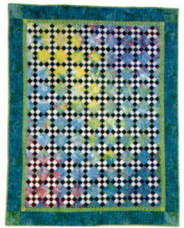

NANCY S. BRELAND lebt in New Jersey. Ihre Quilts erscheinen in vielen jurierten Ausstellungen in Amerika. Bilder davon werden oft im „Quilter's Newsletter" und in anderen Patchworkzeitschriften und Büchern veröffentlicht. Wenn sie nicht gerade quiltet, unterrichtet sie als Psychologieprofessorin am College of New Jersey. E-mail: nbreland@tcnj.edu

PAM WINSEN lebt in Brisbane in Australien. Sie quiltet seit 1988 und erhielt viele Auszeichnungen. Ihre Quilts wurden in Japan, USA und Europa sowie in Australien ausgestellt. Momentan arbeitet sie mit neuen Techniken und kombiniert Ölmalerei mit Stoff, Faden und Holz.

PAULA NADELSTERN lebt in New York City. Sie ist die Autorin von „Kaleidoscopes & Quilts" und hält überall in den USA Workshops über ihre einmaligen Kaleidoskoptechniken. Ihre preisgekrönten Quilts wurden international gezeigt in Ausstellungen, Fernsehsendungen, Büchern und Zeitschriften. Paula Nadelsterns Quilt „Kaleidoskop XVI: Mehr ist mehr" wurde für das renommierte Buch und die Ausstellung „The Twentieth Century's 100 Best American Quilts" ausgewählt.

REBECCA COLLINS lebt in St. Asaph, Wales, und näht seit 1986 Quilts. Ihre preisgekrönten Arbeiten wurden weltweit ausgestellt. Sie gibt Patchworkunterricht und regte viele ihrer Schülerinnen zu eigenen, ebenfalls preisgekrönten Arbeiten an. Sie hat für Patchworkzeitschriften und Bücher geschrieben.
E-mail: rebecca@dermaguard.co.uk

ROBERTA HORTON lebt in Berkeley, Kalifornien. Sie näht Quilts seit 1970, unterrichtet und hielt seit 1972 Vorträge in zwölf Ländern. 1988 wurde sie von Nihon Vogue, dem Verleger von „Quilt Japan" als eine der wichtigsten Quilterinnen der Welt bezeichnet. Im Jahr 2000 erhielt sie die Silbersternmedaille des Houston Quilt Festivals.

ROSEMARY PENFOLD lebt in Brisbane, Australien. Sie begann 1983 mit Patchwork und unterrichtet seit zehn Jahren. Sie hat national und international ausgestellt, ihre erste Einzelausstellung fand im Oktober 2000 statt.
E-mail: rusellandrosemary@bigpond.com

RUTH B. MCDOWELL aus Winchester in Massachusetts begann 1972 mit Patchwork und ist inzwischen hauptberufliche Quiltkünstlerin, die über 300 Quilts hergestellt und fünf Bücher über ihre Arbeit veröffentlicht hat. In ihren Quilts sind Natur und Geometrie sowie die hingebungsvolle Liebe zu Stoff miteinander verflochten.

SANDIE LUSH lebt mit ihrer jungen Familie, für die sie 1990 Patchwork zu nähen begann, bei Bristol in England. Inspiriert durch die legendäre Amy Emms, spezialisiert sie sich seit 1994 auf Wholecloth-Quilts. Diese wurden überall ausgestellt und mit vielen Auszeichnungen bedacht.
E-mail: Sandielush@quilts.freeserve.co.uk

SANDY BONSIB lebt mit ihrem Ehemann, zwei Töchtern und vielen Tieren in der Nähe von Seattle im Staat Washington. Sie näht Patchwork seit Anfang der Siebzigerjahre und unterrichtet in Quiltschulen, Quiltshops und Quiltgilden. Zurzeit schreibt sie an ihrem vierten Buch.
E-mail: sjbonsib@aol.com

SARA IMPEY lebt in Earls Colne, Essex, in England. Als sie 1971 ihren ersten Quilt nähte, ging sie noch zur Schule. Sie ist zwar Journalistin, näht aber seit Anfang 1990 ernsthaft Quilts. Ihre preisgekrönten Arbeiten werden in ganz Großbritannien und international ausgestellt. Sie unterrichtet und schreibt Artikel in Patchworkzeitschriften.
E-mail: robin.impey@lineone.net

SHEENA NORQUAY lebt in Inverness in Schottland. Sie begann 1970 mit Patchwork und Quilten, arbeitet aber in Vollzeit als Grundschullehrerin. Sie stellt lokal und englandweit aus, in letzter Zeit auch im Ausland. Sie nutzt ihre pädagogischen Fähigkeiten, um während der Schulferien ihre Kenntnisse in Tageskursen und Vorträgen weiterzugeben.

SHEILA YALE lebt in Beckenham, Kent, England. Sie stellt seit ihren Studententagen am Royal College of Art Quilts her. Ihre Motivation gilt dem Erhalt von schönen Druckstoffen.

VALERIE HEARDER verließ ihre Heimat Südafrika im Jahr 1975 und lebt zurzeit in Neufundland, Kanada. Man kennt ihre Miniaturlandschaften auch aus ihrem Buch „Beyond the Horizon". Valerie Hearders Arbeiten sind in privaten und öffentlichen Sammlungen vertreten und wurden in vielen Veröffentlichungen gezeigt. Sie unterrichtet international.
E-mail: val@nf.sympatico.ca

WENDY LUGG lebt in Perth, Westaustralien. Sie ist ausgebildete Künstlerin und arbeitet in einem Atelier, wobei sie die kostbare Arbeitszeit und die Zeit für ihre Reiseverpflichtungen sorgfältig einteilt. Sie unterrichtet international. Ihre Preise waren u. a. der „Churchill Fellowship" und ein „Quilters' Guild Scholarship".
Website: www.wendylugg.com;
E-mail: wendy@wendylugg.com

REGISTER

DANKSAGUNG

Die Autorin dankt für die Unterstützung bei diesem Buch:

Allen **Quilterinnen**, die so großzügig ihre Arbeiten und die Hintergrundinformationen beisteuerten.

Meinem Ehemann **George Hudson** für seine Unterstützung bei diesem und den anderen Büchern.

Christine Porter für Anleitung und Hilfe bei der Kontaktaufnahme mit den Co-Autorinnen.

June Morris für die beigesteuerten Informationen über Stoffe.

Kate Michell und **Sally Bond** für ihre konstruktiven Ratschläge und **Carrie Hill** für das Umsetzen meiner Zeichnungen in kleine Kunstwerke.

Der Verlag dankt folgenden Personen für die Bereitstellung der Fotos: (o = oben; u = unten; l = links; r = rechts; m = Mitte)

Seite 14 m: Rebecca Collins. Seite 24 u: Wendy Lugg. Seite 34: Pictures Colour Library. Seite 40: Caryl Bryer Fallert. Seite 60 o: Katie Pasquini Masopust. Seite 70 or: Sandy Bonsib. Seite 71: Martingale & Company. Seite 79 m: Jenni Dobson. Seite 84 o: Maurine Noble. Seite 90 u: Pam Winsen. Seite 100: Harry Smith Collection. Seite 124: Martingale & Company. Seite 130 ur: Inge Hueber. Seite 132 o: Pictor. Seite 136 ol: Moira Clinch. Seite 147 u: Cynthia Morgan. Seite 153 or: Diana Swim Wessel.

Es wurden alle Anstrengungen gemacht, den Beteiligten gerecht zu werden. Der Verlag bittet bereits im Vorfeld um Entschuldigung, wenn ein Fehler gemacht oder etwas vergessen wurde.